Preghiere a Santa Brigida di Svezia per Evitare il Purgatorio

Scritto da Saul Croce

Questo libro, con somma riverenza e devozione, è dedicato alla Beata Vergine Maria, Regina dei Cieli e nostra madre celeste. Mentre cerchiamo l'intercessione di Santa Brigida di Svezia, affidiamo quest'opera e i suoi lettori al tenero abbraccio di Maria. Possa lei, nella sua immensa misericordia, presentare le nostre suppliche a suo Figlio. E attraverso le preghiere di Santa Brigida, possa l'ausilio mite di Maria condurci lontano dalle prove del purgatorio e più vicino alla gioia eterna della presenza di Cristo. Possa la guida qui contenuta ispirare una vita santa, degna delle promesse della Nostra Signora e del patrocinio colmo di grazia di Santa Brigida. Amen.

Preghiere a Santa Brigida di Svezia per Evitare il Purgatorio

Questo libro
appartiene a...

....

Grazie!

Gentile Lettore,

Il mio cuore è colmo di gratitudine nel saperti accogliere "Preghiere a Santa Brigida di Svezia per Evitare il Purgatorio" nella tua vita. Il tuo sostegno è una fonte potente di incoraggiamento e desidero sinceramente che le preghiere contenute in queste pagine ti portino conforto e elevazione spirituale.

È per me motivo di gioia informarti che, scansionando il codice QR che trovi in questo libro, sbloccherai l'opportunità di vivere queste preghiere come un viaggio uditivo. Che tu sia in viaggio, alla ricerca di un momento di pace, o in tranquilla contemplazione, questa funzionalità è lì per accompagnarti. Inoltre, scansionando il codice QR potrai connetterti a una selezione di materiali preparati con cura per assisterti nel tuo cammino di fede.

Ti porgo il mio più sincero ringraziamento per percorrere questo cammino con me. Possa la saggezza e l'affetto di Santa Brigida guidare la tua strada, riempiendo i tuoi giorni di serenità, stima e un'autentica connessione con il celeste.

Index

Una Nota dell'Autore

Gentile lettore,

Nelle ore quiete e riflessive della mia vita, quando la calma del mondo mi invita a contemplare i più grandi misteri della nostra fede, ho spesso trovato sollievo e guida nelle preghiere e negli insegnamenti di Santa Brigida di Svezia. Con un cuore pieno di devozione e uno spirito desideroso di condividere la ricchezza della tradizione cattolica, presento a voi questa umile raccolta di preghiere e meditazioni, ispirata dalla vita visionaria di questa straordinaria santa.

Santa Brigida, la cui stessa storia tessi un arazzo di pietà, compassione e amore incrollabile per Dio, è diventata un faro per me e per molti altri che cercano di approfondire la nostra relazione con il divino. Moglie, madre e infine vedova, Brigida ha abbracciato le chiamate della sua vita con grazia e forza d'animo – il suo viaggio riflettendo le prove, le tribolazioni e le estasi che accompagnano una vita vissuta nella sincera ricerca della santità.

La profondità delle rivelazioni di Brigida sul Purgatorio – quei fuochi purificatori dell'amore di Dio – mi ha profondamente commosso, spingendomi a compilare queste 25 preghiere e una novena, offerte come aiuto ai cattolici desiderosi di vivere nella pienezza della grazia di Dio. Le visioni luminose di Santa Brigida gettano luce sul cammino per l'avversione al Purgatorio, mostrandoci che attraverso la penitenza, la preghiera e abbracciando la croce con gioia, possiamo aspirare a un'unione diretta con Cristo dopo il nostro pellegrinaggio terreno.

Intraprendendo questo viaggio attraverso l'intercessione di Santa Brigida, ci viene ricordato che le nostre vite qui sulla Terra sono fugaci eppure incommensurabilmente significative nell'economia della salvezza. Impariamo che ogni momento è un'opportunità per scegliere l'amore invece dell'indifferenza, il sacrificio invece della comodità e la gioia eterna invece dei piaceri transitori.

Nelle pagine che seguono, vi immergerete in preghiere che sono state sussurrate, cantate e gridate attraverso i secoli – parole che hanno portato le speranze, le confessioni e le aspirazioni di innumerevoli anime davanti a Dio. Che queste preghiere, come chiavi sacre, possano sbloccare il tesoro di misericordia che è il distintivo della nostra fede cattolica.

Avviciniamoci ad esse con uno spirito di umiltà e di fiducia, sapendo che la più piccola offerta, se fatta con cuore puro, può avere ripercussioni eterne. Mentre navigare la complessità e le sfide della nostra vita, possa Santa Brigida essere la nostra guida e possa la sua intercessione condurci a quella dimora di pace preparata per coloro che hanno amato Dio sopra ogni cosa.

Con devozione e sincerità, ci sforziamo di emulare la fedeltà di Santa Brigida, avvicinandoci sempre più al cuore di Gesù, e questo libro possa servire da compagno in un viaggio pieno di speranzosa attesa di vedere un giorno il volto di Dio – non dalle fiamme purificatrici del Purgatorio ma dalla soglia gloriosa del Cielo.

Nella comunione dei santi e con un cuore pregante, scrivo queste parole, fiducioso nell'amore che ci lega come Corpo di Cristo e risoluto nella convinzione che, insieme, possiamo percorrere la strada stretta che porta alla vita eterna.

Vostro in Cristo e nella Sua Santissima Madre,

Saul Croce

La Vita di Santa Brigida di Svezia

Nella verde terra di Svezia, sotto la soave luce della fede e della pietà, nacque una bambina destinata a divenire un emblema della grazia divina e un vaso per visioni celesti. Questa bambina, Brigida, fu accolta in una famiglia pia dove le preghiere si levavano come incenso e la compassione scorreva come maree nei cuori dei suoi genitori. Il padre, Birger Petersson, guidava con l'esempio, ogni suo passo un pellegrinaggio verso la santità, le sue confessioni i sussurri silenziosi di un cuore contrito. La giovane Brigida, affettuosamente conosciuta come Birgitta nella sua lingua madre, venne cullata nell'amore di Dio. Eppure, anche nella sua tenera giovinezza, conobbe il dolore quando la sua amata madre fu chiamata alla dimora celeste. Aveva solo dieci anni, ma era matura nello spirito; Birgitta, con i suoi fratelli Katharine e Israel, cercò conforto e apprendimento presso la zia materna.

Fu durante questi anni formativi che Birgitta ebbe una visione incisiva che sigillò la devozione del suo cuore. Vide l'Uomo dei Dolori, la Sua forma segnata dalle ferite del Suo amore supremo. Turbata dalla visione, Birgitta chiese della Sua sofferenza. La Sua risposta commovente, "Tutti coloro che disprezzano il mio amore", risuonò in lei, la sua eco plasmò il cammino che era destinata a percorrere.

Come era usanza a quei tempi, i fili della vita di Brigitta si intrecciarono in una nuova trama quando sposò Ulf Gudmarsson all'età di appena tredici anni. Insieme furono benedetti con otto figli, un otre pieno, un attestato del suo amore nutriente, poiché ciascun bambino fioriva in un tempo in cui molte giovani vite appassivano precocemente.

La saggezza e la grazia di Brigitta catturarono l'occhio della nobiltà, e fu chiamata a corte per guidare e istruire la giovane Regina Blanche nei modi del suo nuovo regno. Dopo aver compiuto il suo dovere, intraprese con Ulf un pellegrinaggio di fede a Santiago di Compostela—un viaggio che avrebbe messo alla prova e fortificato la sua fede mentre Ulf cedeva alla malattia.

Al suo capezzale ad Arras, mentre pregava con l'intensità dei veramente devoti, un messaggio divino attraverso la figura di San Dionigi offrì conforto e una profezia—che Ulf si sarebbe ripreso e che grandi progetti la attendevano. Infatti, la salute di Ulf fu restaurata, e tornarono, ma il suo viaggio mortale doveva concludersi ad Alvastra. La sua dipartita lasciò Brigitta vedova, il suo cuore inciso con l'immagine del suo compagno che lei equiparava alla propria carne.

La vedova addolorata trovò consolazione nella preghiera, cercando direzione per il suo prossimo capitolo. Ed è qui che Dio chiamò Brigitta a diventare "Sposa e Mio canale", affidandole l'immensa missione di dar vita a un nuovo ordine religioso, un vigneto per rinnovare la Chiesa, con un progetto inviato direttamente dal Cielo.

La generosità favorì la sua missione mentre il re Magnus Eriksson donò terre e un palazzo per il suo monastero, e ancora una volta la voce di Dio la convocò. Questa volta a recarsi a Roma, ad attendere il ritorno del Papa dalla Francia e a rendere testimonianza durante l'Anno Santo 1350.

Senza voltarsi indietro, Brigitta intraprese questo sacro pellegrinaggio, per non vedere più il suolo natìo. A Roma, divenne una voce profetica per la riforma, consegnando i messaggi di Dio ai potenti. La sua vita sembrava una trama di sogni irrealizzati—nessun papa seduto stabilmente a Roma sotto la sua vigilanza, nessuna pace tra nazioni belligeranti ottenuta, nessun monastero completato secondo la sua visione. Eppure, in questi apparenti fallimenti, rifletteva il Salvatore sulla Croce, una perfetta rappresentazione dell'amore sacrificale.

Brigida di Svezia può aver lasciato questo mondo come una pellegrina stanca in una terra non sua, ma indossava la corona della santità, un testamento alla sua fedele sopportazione. Il suo retaggio, l'Ordine del Santissimo Salvatore, sopravvisse, un testamento al suo zelo visionario, che si diffuse lontano e ampio attraverso il continente e oltre.

Patrona della Svezia, la sua memoria è cara, il suo giorno di festa viene celebrato il 23 luglio, mentre il suo spirito continua ad ispirare innumerevoli anime ad abbracciare le fiamme purificatrici dell'amore divino, un testamento al meraviglioso viaggio di Santa Brigida di Svezia, sposa di Cristo e faro per tutti coloro che navigano la via per evitare del tutto i dolori del purgatorio.

"BEATI I PURI DI CUORE,
PERCHÉ VEDRANNO DIO."

- MATTEO 5:8

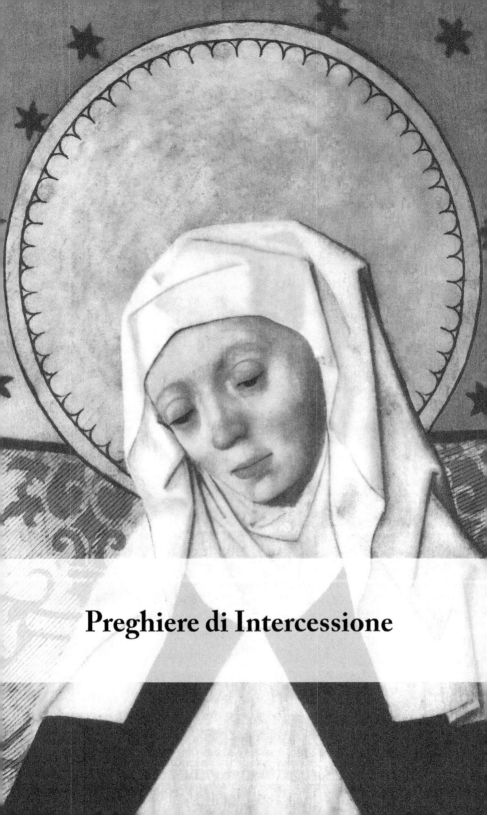

Preghiere di Intercessione

Nell'abbraccio tenero dell'infinito amore di Dio e nello splendore intercessorio di Santa Brigida di Svezia, iniziamo un cammino di conforto pregativo progettato per avvicinare sempre più le nostre anime alla Luce Divina e per navigare il regno temporale con una bussola celestiale. Queste preghiere, sussurrate dal profondo dei nostri cuori con fervore fedele, sono l'eco di una stirpe spirituale che attraversa i secoli, ispirate dalla vita e dalle rivelazioni di Santa Brigida – faro di sapere celeste e di compassione. Attraverso queste invocazioni intercessorie, cerchiamo di elevare i nostri spiriti e imploriamo la grazia che rafforza il nostro impegno a vivere virtuosamente, a pentirci sinceramente per i nostri peccati e ad espiare in preparazione al nostro ultimo incontro con l'eternità. Che ogni preghiera sia un passo lontano dalle ombre del Purgatorio e un passo più vicino alla dimora luminosa della presenza beatifica.

Qui si trova un omaggio all'amore di Santa Brigida per Cristo e alla sua preziosa guida. Che la sua santa intercessione ci rafforzi, illumini il nostro cammino e purifichi le nostre anime, mentre ci sforziamo di passare da questa vita non in una camera di attesa per l'espiazione ma nelle braccia immediatamente accoglienti del nostro Salvatore. Offriamo ora queste preghiere con speranza e fiducia, mentre le nostre parole si elevano al cielo sulle ali della costante intercessione di Santa Brigida.

Grazie Signore per...

_____
_____
_____
_____
_____
_____
_____
_____
_____

Santa Brigida di Svezia, intercedi per me su...

_____
_____
_____
_____
_____
_____
_____
_____

Intercedi per i miei cari...

_____
_____
_____
_____
_____
_____
_____
_____
_____

La mia Preghiera Personale

Passaggio Pacifico Aldilà del Velo

O Beata Santa Brigida, faro di speranza, intercedi per noi che cerchiamo un passaggio tranquillo.

O Saggia Santa Brigida, consigliera delle anime, implora misericordia per coloro che affrontano il limite del giudizio.

O Santa Brigida, intercedi affinché possiamo riconciliare ogni passo falso terreno.

Guidaci, Santa Brigida, attraverso le tentazioni che ci assediano, con preghiere che santificano.

Illumina il nostro cammino, Santa Brigida, tra le ombre della prova, con raggi di grazia divina.

Concedici, Santa Brigida, un cuore libero in vita, assente dell'opprimente manto della paura.

O Patrona della Svezia, sussurra i nostri nomi nelle sale del cielo, mentre ci sforziamo per la purezza.

O Madre della Conoscenza, chiedi la sapienza per discernere, affinché non vacilliamo nell'ignoranza.

O Custode delle Visioni, implora chiarezza per i nostri spiriti, poiché la vista spesso veli la verità.

Santa Brigida, sostienici sull'orlo dell'ignoto, dove la fede incontra l'eternità.

Santa Brigida, cammina al nostro fianco mentre navighiamo l'attraversamento finale, dove il tempo si inchina all'infinito.

Santa Brigida, tieni la nostra mano, riscaldando incertezze fredde, come il focolare riscalda il viandante.

Intercedi per noi, Santa Brigida, quando il Libro della Vita si dispiega, e le nostre azioni pesano gravemente.

Media per noi, Santa Brigida, quando sussurra la giustizia divina, e la compassione necessita di una voce.

Parla per noi, Santa Brigida, nelle corti celesti, dove le anime cercano la clemenza del giudice.

O Stella del Nord, illumina le rotte inesplorate, dove l'anima desidera la pace celestiale.

O Voce per gli Senza Voce, risuona nel silenzio, dove le nostre stesse parole ci abbandonano.

O Scudo dei Deboli, proteggici dall'abisso, dove la disperazione cerca di insinuarsi.

Santa Brigida, riparaci sotto il tuo manto di salvezza, proteggendoci dalla fiamma del purgatorio.

Santa Brigida, immergici nel fiume del perdono, purificando il fango del peccato.

Santa Brigida, grazie all'Agnello, guida la nostra processione, alla soglia del paradiso.

Implora, Santa Brigida, uno sguardo misericordioso dal nostro Giudice, dove giustizia e amore si abbracciano.

Intercedi, Santa Brigida, per una sentenza clemente per noi, dove la punizione anela ad un sollievo.

Invoca, Santa Brigida, un rapido ascesa per le nostre anime, dove il travaglio temporale cede alla ricompensa divina.

O Consolatrice dei Condannati, avvolgici nella consolazione, dove il rimpianto si trasforma in speranza.

O Patrona dei Morenti, prega per un viaggio sereno, dove la fine della vita è solo un nuovo inizio.

O Santa Brigida, intercedi per noi, ora e nell'ora del nostro congedo. Amen.

Abbraccio della Divina Misericordia

O Santa Brigida di Svezia, faro di luce nel crepuscolo delle nostre anime; intercedi per noi, stanchi viaggiatori, mentre percorriamo questa riva temporale, cercando l'abbraccio della Divina Misericordia. Con cuori gravati dal peso delle nostre imperfezioni, bussiamo alla porta della Benevolenza Eterna; o dolce servitrice dell'Onnipotente, presta ascolto alle nostre suppliche.

Imbarcaci sui venti delle tue sante preghiere, poiché temiamo i fuochi che raffinano; affinché con la tua guida, possiamo evitare i confini del regno del Purgatorio.

Siamo umili; segnati dai nostri peccati mortali, eppure sempre desiderosi del sussurro della redenzione; implora per noi, o Brigida, la grazia di elevarci al di sopra delle nostre macchie terrene.

Come un tempo ascoltasti la voce del Cielo nel silenzio del tuo chiostro, invoca ora quel coro celeste; affinché i nostri nomi possano essere incisi nel libro della vita dell'Agnello.

Nel tessuto della fede, non lasciare che i nostri fili rimangano opachi e rigidi; ma rischiarati, attraverso la tua santa intercessione, dai colori del perdono divino.

Nel giardino della vita, dove le spine del peccato pungono e intrappolano, sii tu il nostro attento giardiniere; potando via le insidie, nutrendo le rose della virtù.

Per i meriti del tuo pio cammino, rafforza la nostra risolutezza; allontana i nostri passi dall'abisso dei dannati, verso le porte del Paradiso riconquistato.

Davanti al trono dell'Infinita Compassione, porta la testimonianza dei nostri spiriti contriti; sussurra all'orecchio del Misericordioso, la nostra ardente preghiera per clemenza.

Dalla sorgente della tua sapienza celeste, nutri le nostre anime assetate; poiché nella nostra ignoranza vacilliamo, nella tua illuminazione fioriamo.

Come hai custodito le rivelazioni del nostro Signore, custodisci ora il nostro desiderio per il Suo amore senza limiti; sii il vaso delle nostre ferventi invocazioni di misericordia.

Che il manto della tua devozione ci protegga dalle fiamme purgatoriali; che la tua intercessione sia il balsamo, trasformando l'agonia nell'abbraccio della speranza.

O Santa Brigida, amica di Dio e patrona degli abbandonati; guarda con pietà alle nostre infermità, e presentale alla Fonte di ogni Bene.

Poiché il crepuscolo lascia posto all'alba luminosa, sia la misericordia dell'Onnipotente il sole sul nostro tramonto; illuminante, riscaldante, guidandoci a casa.

Attraverso la tua intercessione, possa la Divina Misericordia oscurare le nostre insufficienze; e nell'ora della nostra dipartita, possa essa abbracciare le nostre anime con la dolcezza di un salvatore amorevole.

Poiché nella compagnia dei santi e degli angeli, stai come testimone dell'oceano senza limiti della misericordia di Dio; sii nostra avvocata, o Brigida, affinché non affoghiamo ma siamo trasportati sulla sua marea pacifica.

Pertanto, nel riposo sacro della visione beatifica, riserva per noi un posto al tuo fianco; affinché nella pienezza della gioia celeste, possiamo cantare corali le lodi del Misericordioso.

Questo ti supplichiamo, attraverso la tua dolce mediazione; nel nome di Colui che è, che era, e che sarà per sempre, il nostro Signore, il nostro Amore, il nostro Riposo Eterno. Amen.

Rifugio nel Sacro Cuore

O Navigatore dei mari celesti, guidaci attraverso le onde turbolente,

Mentre cerchiamo la stella guida, S. Brigida, per evitare la tempesta finale.

Rivolgi il tuo sguardo su di noi dal firmamento, faro delle coste svedesi,

Prega per noi affinché evitiamo lo stretto ombroso delle ancore del purgatorio.

O Guida Santificata, fai risuonare le nostre suppliche nel cuore del Divino Marinaio,

Che Egli possa impostare la nostra bussola per la verità, le nostre anime da santificare.

Mentre ci imbarichiamo in questo viaggio terreno, attraversando le oscure correnti del peccato,

Pregalo di essere il nostro timone, per evitare il canto delle sirene.

O Custode della santa sapienza, sussurra nei venti della grazia,

La nostra fervente preghiera per un passaggio sicuro, lontano dai fuochi purificatori.

Prega affinché il Sacro Cuore possa essere il nostro grafico, il nostro abbraccio celestiale,

Un rifugio dove l'anima trova la calma dalle melme mondane.

O Custode della preziosa Croce, con le tue suppliche come il bagliore di un faro,

Indicaci il porto dove fluiscono le acque della misericordia.

Prega che possiamo ancorare nel sereno flusso del Sacro Cuore,

Evitando le profondità dove crescono le radici della penitenza.

O Intercessore Celeste, con il tuo manto tessuto di luce eterea,

Distendilo su di noi, pellegrini anelanti al sole purificatore.

Prega che il calore del Sacro Cuore eclissi la notte del purgatorio,

E il nostro passaggio sia rapido alla presenza del Santo.

O Brigida, immersa nell'amore di Dio, lascia che le tue suppliche si riversino sulle nostre anime,

Come maree purificatrici che allontanano i detriti del peccato.

Nella tempesta della tentazione, sii il fascio ininterrotto del nostro faro,

Affinché possiamo tracciare un corso con la carta della vera giustizia.

O S. Brigida, prega perché siamo protetti dal riscatto del Sacro Cuore,

E in questo rifugio divino troviamo la vista splendente dell'eternità.

O Conduttore di Compassione, con preghiere come ancore gettate nel ricco suolo della fede,

In questa odissea verso le porte di perla, cerchiamo la tua intercessione.

Che il Sacro Cuore ci avvolga, un santuario mentre vaghiamo,

E noi, attraverso la grazia, evitiamo la sessione crepuscolare del purgatorio.

Amen.

Orientamento sul Cammino verso la Santità

Nel silenzio di questa sacra ora, mi rivolgo a te, Santa Brigida, faro del nord,

Stella guida, in mezzo al tumulto della vita, conduci la mia anima al porto della grazia divina.

Come l'usignolo canta ai vespri del giorno, così possano innalzarsi le mie preghiere,

Cercando la tua intercessione, affinché possa sfuggire alle ombre delle profondità del purgatorio.

Dolce custode, tu che hai attraversato i regni del cielo e della terra,

Sussurra il mio nome nelle corti dell'Onnipotente, infondi serenità nel mio spirito.

O Santa Brigida, la tua sapienza è un fiume che scorre, una fonte di sacro discernimento,

Lascia che il tuo consiglio mi guidi, affinché i miei piedi possano percorrere un sentiero di rettitudine, puro e limpido.

Come i gigli del campo che né faticano né filano eppure sono vestiti di splendore,

Rivestimi di virtù splendenti, affinché possa presentarmi puro davanti al trono.

Nella tua misericordia, Santa Brigida, porgi l'orecchio a questa umile supplica,

Risparmiami dalle fiamme purificatrici, attraverso la tua intercessione rendi nota la mia causa.

I tuoi voti erano fermi come la quercia, risoluti nell'abbraccio della tempesta,

Insegnami ad essere incrollabile nella fede, mentre navigo la corsa effimera della vita.

Poiché come il giorno declina al crepuscolo, e le stelle assumono il loro vigil sguardo,

Così possa la mia anima, trovando la pace, riflettere la luce eterna che mai deperisce.

Guidami presso acque tranquille, dove si possa riflettere il portale del cielo,

Attraverso il divide temporale, ai pascoli dell'infinito, eternamente verdi e immacolati.

Dove il canto della redenzione risuona, e l'aria è dolce di fioritura santità,

Poss'a trovarvi il mio posto, al di là della fugacità terrena.

Nel tessuto dei cieli, dove la sarta ha ricamato con filo celeste,

Cuci il mio destino con le tue preghiere, affinché io possa essere libero quando il drappo della vita verrà deposto.

Che i miei giorni siano un'offerta, un calice alzato in alto,

Ricolmo di opere di compassione, fino al momento in cui sarò chiamato al cielo.

Con te come mia guida, o Santa Brigida, possa la fiamma della mia fede ardere costante e vera,

Affinché quando il crepuscolo della vita avvolgerà, netta e luminosa si disveli la vista celestiale.

Così, nel mio cuore, crescerà un giardino dove fiorisce la rosa della santità,

Testimonianza delle intercessioni che placano le mie paure e dissolvono le oscurità.

Liberazione dai Legami Terreni

O Santa Brigida, testimone di visioni celesti, intercedi per noi che siamo offuscati dai frammenti terreni. Guidaci dal tumulto del dubbio alla pace della certezza, dalle ombre dei nostri peccati alla luce del perdono.

Conducici dalla prigionia del peccato alla libertà della grazia, dal peso della colpa al conforto dell'assoluzione.

Prega per noi dai lacci dell'orgoglio all'umiltà del servizio, dalla fortezza dell'egoismo all'apertura della carità.

Intercedi dalla desolazione dell'isolamento alla comunità dei fedeli, dalla selvaggia disperazione al rifugio della speranza.

Assistici dai grovigli del vizio ai sentieri della virtù, dalle spine della malizia alle rose della compassione.

Patrocina per noi dalle ceneri della sconfitta al trionfo della vittoria, dai sussurri della paura agli inni del coraggio.

Prega per noi dal labirinto della confusione alla chiarezza della saggezza, dalle tempeste dell'ira alla calma della comprensione.

Cerca dalla povertà dell'indigenza alle ricchezze della provvidenza, dai frammenti del conflitto all'interezza della pace.

Implora dalle barriere dell'indifferenza al ponte dell'empatia, dalle fratture della divisione all'unità della comunità.

Richiedi dalle profondità del dolore ai picchi della gioia, dal silenzio dell'abbandono alla sinfonia della presenza.

Invoca dalla siccità della sterilità alla pioggia della fertilità, dalla notte dell'ignoranza all'alba dell'illuminazione.

Intercedi dal gelo della negligenza al calore dell'attenzione, dall'eclissi dell'oscurità al bagliore del riconoscimento.

Chiedi dalla rigidità dei pregiudizi all'accettazione della comp-

rensione, dalla presa del passato all'abbraccio del futuro.
Prega dalla stagnazione della compiacenza alla corrente del cambiamento, dall'ancora della monotonia alle vele dell'avventura.

Patrocina dalla piaga della distruzione alla crescita della creazione, dalla gravità della realtà al volo dell'immaginazione.

Intercedi dall'esilio dell'alienazione al ritorno a casa della fratellanza, dalle rovine del declino alla costruzione del restauro.

Parla per noi dall'abisso dell'apatia alla cima della passione, dal baratro del vuoto alla pienezza dell'abbondanza.

Chiama per noi dal dungeon dell'oscurità al palazzo della luce, dalla sporcizia del decadimento allo splendore del rinnovamento.

Suplica per noi dalla morsa della mortalità alla liberazione dell'eternità, dal peso del terreno alla leggerezza del celeste.

O Santa Brigida, prega per noi, affinché possiamo evitare il purgatorio dei viaggi incompleti e trovare consolazione nel compimento della divina provvidenza.

Per la Grazia della Penitenza Finale

O Santa Brigida, faro dei mari nordici,

Gettiamo le nostre vele per navigare le maree spirituali.

Guidaci attraverso le onde dell'ultima prova della vita,

Affinché non ci perdiamo nella nebbia del purgatorio.

Patrona sussurrante, con sussurri di santità,

Culla i nostri spiriti nella vasta rete della misericordia.

Dirigici, oh compasso dei regni celestiali,

Al rifugio della grazia dove le anime gettano l'ancora nel riposo.

Dolce pastorella, nel fragore della tempesta,

Con lamenti dei penitenti e preghiere devote,

Dacci la forza di pentirci prima che cali il crepuscolo,

Per evitare il turbolento purgatorio sottostante.

Navigatrice della carta celeste,

Traccia un percorso attraverso i pericolosi stretti del peccato.

Illumina il nostro cammino con la tua lanterna della speranza,

Perché possiamo bypassare i bassifondi ombrosi.

Rifugio sicuro per i stanchi e i consumati,

Inscrivi nei nostri cuori la mappa verso il portale della purezza.

Non lasciare che il richiamo delle sirene ci seduca,

Dalla penitenza che purifica e sigilla il nostro destino.

O Santa Brigida, stai vicino alle nostre anime vacillanti,

Noi, rematori che lottiamo contro le forti correnti del peccato.

Consigliaci bene nella nostra ora di bisogno,

Per il corso della virtù, sopra le profondità invisibili.

Sussurra al Divino Marinaio di tracciare dritto il nostro corso,

Lontano dalle nebbie dove i perduti indugiano, avvolti.

Parla a nostro favore, lascia che il nostro appello sia ascoltato,

Per incontrare il divino con un cuore limpido.

Portatrice della croce sulle gelide onde del nord,

Cerchiamo la tua guida per non fare passi falsi.

Supplica per noi la Grazia della Penitenza Finale,

Mentre navighiamo verso la diminuente risacca della vita.

Guardiana del portale per la sfera celeste,

Possa il tuo manto scendere e avvolgere la nostra fragilità.

Mantieni luminoso il faro della verità eterna,

E richiamaci a casa al rifugio dell'Onnipotente.

Crea in noi, oh Santa Brigida, un cuore contrito,

Affinché possiamo essere purgati dalle incrostazioni dei peccati.

Prenotaci un posto alla tavola del Salvatore,

Dove la purezza sorge, e le anime si riuniscono.

Possano la fine del nostro viaggio trovare nessun fuoco purificatore,

Con la supplica di Santa Brigida, il nostro passaggio lei negozia.

Condotto in pace dalla sua mano gentile,

Per la Grazia della Penitenza Finale, gettiamo l'ancora.

Consolazione nell'Amore Divino

Cristo, nella tua misericordia, ascolta la nostra preghiera. Cristo, che hai guidato Santa Brigida di Svezia, guidaci anche noi.

Cristo, sulle sue orme, conduci noi sul tuo cammino.

Cristo, per sua intercessione, risparmiaci le prove del purgatorio.

Cristo, Fonte di Compassione, perdonaci i nostri difetti.

Cristo, Giusto Giudice, riguardaci con benevolenza.

Cristo, nostro Avvocato, intercedi per la nostra causa.

Cristo, che prometti il paradiso, concedici l'ingresso al termine del nostro viaggio.

Cristo, per le preghiere di Santa Brigida, purificaci dal peccato.

Cristo, nostro Purificatore, raffinaci come oro.

Cristo, nostro Santificatore, santifica le nostre anime.

Cristo, nostro Redentore, redimi le nostre trasgressioni.

Cristo, nostro Pastore, guidaci a verdi pascoli.

Cristo, nostra Luce, risplendi attraverso il nostro buio.

Cristo, nostra Speranza, eleva i nostri spiriti.

Cristo, nostro Consolatore, alleggerisci il peso della nostra colpa.

Cristo, in Amore Divino, avvolgici nel tuo abbraccio.

Cristo, nella tua infinita misericordia, facci trovare grazia.

Cristo, con la tua santa croce, hai redento il mondo.

Cristo, per la Croce, concedici una parte nella tua vittoria.

Cristo, che hai accolto il ladrone pentito, accoglici alla nostra ora.

Cristo, nostra Salvezza, salvaci dai fuochi del raffinamento.

Cristo, nel tuo amore, lascia che passiamo alla vita eterna.

Cristo, dinanzi alla Schiera Celeste, ricevi le nostre anime.

Cristo, nella tua solenne promessa, concedici consolazione nell'Amore Divino. Amen.

Intercessione per le Anime Sofferenti

Oh Santa Brigida di Svezia, avvocata delle anime sante, intercedi per coloro che sono nel purgatorio; ogni momento desiderano la pura luce del Paradiso, possano le tue preghiere guidarli attraverso la loro notte spirituale. Intercedi per le anime che bramano il rilascio, per essere liberate dal loro dolore e concesse la pace eterna; mentre aspettano le gioie del divino cielo, possa la tua compassione essere un faro che splende per sempre.

Oh, porta conforto ai cuori pieni di rimpianto, affinché possano trovare sollievo e non tormentarsi più; mentre cercano misericordia per i peccati che deplorano, possa la tua intercessione condurli al trono.

Implora la misericordia che solo Dio può concedere, sulle anime che lo cercano, con il volto radioso; per quanto siano purificate dal fuoco del Suo amore, possano le tue preghiere accelerare la loro ascesa ai regni superiori.

Invoca il tuo amore, Santa Brigida, sulle anime quasi dimenticate, affinché non si sentano perdute o sfortunate; anche loro meritano l'abbraccio perdonatore del Signore, possano essere rapidamente avvolte dalla Sua grazia sacra.

Prega per le anime che non hanno nessuno che preghi per loro, isolate nelle loro prove, con scarse possibilità; poiché nella comunione dei santi, noi tendiamo le nostre mani, possano le tue preghiere per loro compiere i comandi del Cielo.

Intercedi per i sofferenti, i solitari, i contriti, che sopportano le fiamme purganti giorno e notte; poiché con ogni preghiera offerta in loro nome, possano avvicinarsi alla fine del loro cammino.

Prega affinché la loro purificazione sia dolce e rapida, che ogni prova che affrontano alzi il loro spirito; per ogni lezione attraverso il dolore, possa essere assicurata la loro gioia, possa la tua intercessione rendere sicura la loro santità.

Per ogni lacrima versata, ogni dolore sopportato, possano sentire la tua compassione, la tua cura amorevole; mentre sono purificati dalle loro macchie terrene, possano risorgere a nuova vita senza ulteriori dolori.

Intercedi anche per noi, che un giorno passeremo, affinché il nostro tempo nel purgatorio non sia lungo; poiché seguendo il tuo esempio di pietà e preghiera, possiamo vivere in modo giusto e leale.

Oh Santa Brigida, con la tua santa intercessione, concedici la grazia di fare una piena confessione; mentre ci sforziamo di vivere seguendo il decreto del Vangelo, possiamo evitare il purgatorio e liberare le nostre anime.

Purificazione dello Spirito

O Santa Brigida, che risiedi nella pace celeste, ascolta il mio fervente appello. Nell'ombra dell'incertezza, guidami alla luce della chiarezza.

Dove ho vacillato, conducimi alla fermezza; dove ho tentennato, portami alla convinzione.

Sotto il peso dei desideri mondani, elevami alla libertà della purezza spirituale.

Mentre attraverso il labirinto della tentazione, sii la mia bussola verso la virtù.

Nei momenti di debolezza, cerco la tua intercessione fortificante.

Quando le prove della vita seminano discordia, lascia che il tuo esempio semini armonia nel mio cuore.

Dalle profondità della disperazione, mostrami le altezze della speranza.

Attraverso la confusione del transitorio, indirizzami verso la certezza dell'eterno.

Con ogni impulso egoistico, ispirami l'istanza di dare altruisticamente.

Di fronte alla rabbia, ricordami del potere lenitivo del perdono.

Quando affrontato dall'odio, insegnami a rispondere con amore.

Mentre porto il residuo dei miei errori, prega affinché io riceva la grazia dell'assoluzione.

Nel mio cammino di guarigione, sii un faro per la santificazione della mia anima.

Dagli intrecci del peccato, guidami alla liberazione della penitenza.

Mentre mi trovo davanti alla soglia del divino, fa' da avvocato per la mia purgazione tempestiva.

Dove c'è orgoglio, infondi in me la grazia dell'umiltà.

Nel caos dei pensieri orgogliosi, lascia che la tua voce echeggi saggezza dentro di me.

Di fronte al giudice finale, possano le tue suppliche per misericordia risuonare a mio favore.

Da un luogo di dolore, emergerò nella gioia della rinascita spirituale.

Per la sofferenza sopportata, sia concessa pace.

Per le lacrime versate, sia scoperta gioia.

Nell'atto di perdonare, lascia che io trovi il mio stesso perdono.

Nell'arte del lasciare andare, lasciami afferrare l'essenza della salvezza.

Per ciò che prendo da questo mondo, lascia che io restituisca in misure abbondanti.

Santa Brigida, pregata e riverita, lascia che la tua intercessione sia ascoltata.

Dove la paura minacciava di prevalere, ora risiede il coraggio.

Nel dare, riceverò; nell'arrendersi, conseguirò.

Perché nel ciclo di questa esistenza mondana, percepisco la grande persistenza.

Di un viaggio dell'anima verso la luce, incarnato dalla tua stessa lotta.

Amen.

Unione con la Madre Addolorata

O Santa Brigida di Svezia, faro dell'amore di Dio;Imploriamo la tua tenera intercessione dalle sfere celesti.

Nobile avvocata, guidaci in questa solenne ricerca;

Per evitare le insidie del purgatorio; nella misericordia di Dio ci riposiamo.

O Santa Brigida, ascolta la fervente supplica del nostro cuore;

Per un cammino diretto al cielo, dove l'anima vola libera.

Nella nostra fragilità, inciampiamo; nel nostro peccato, cadiamo;

Eppure il tuo esempio brilla, un divino richiamo squillante.

Ad ogni passo che vacilliamo; ad ogni debolezza, aneliamo;

Al conforto della salvezza, per la quale i nostri spiriti ardono.

La tua saggezza, una fonte; le tue virtù, un tesoro;

Insegnaci vera penitenza; nella volontà di Dio, il nostro piacere.

Emulare la tua purezza; vivere in amore disinteressato;

Concedici forza, O Santa Brigida; manda grazia dall'alto.

Cammina con noi nel silenzio; incedi dolcemente nei nostri cuori;

Dove il dolore della Madre Addolorata inizia il nostro pentimento.

Con gli occhi fissi sulla croce; con il legame eterno dell'amore;

Il peso delle nostre trasgressioni, che tu accogli favorevolmente.

Per recidere i legami che ci imprigionano; per i vizi che ci catturano;

Intercedi, cara Santa, con la tua premurosa attenzione.

Che le nostre azioni riflettano la luce; che la tua santa vita dona;

Che le nostre parole siano sussurri che echeggiano nei cuori serafici.

Mentre navighiamo attraverso le prove della vita; le sue tempeste e i suoi test;

Nella tua dolce compagnia, il nostro spirito turbato riposa.

Lascia che le nostre lacrime di duolo siano semi; nel giardino della grazia divina;

Dove fiori di speranza crescono abbondanti nel grembo della Madre Addolorata.

Uniti ai suoi dolori; in comunione col suo dolore;

Offriamo i nostri lavori terreni; per un guadagno celeste.

Nella quiete delle nostre anime; nella tranquillità delle nostre menti;

Il riflesso della tua santità, è lì che troviamo la pace.

O Santa Brigida, sii la nostra luce; illumina il nostro passaggio luminoso;

Unisci le nostre preghiere alle Sue, contro la notte che avanza.

Ora, con i cuori elevati; e gli spiriti rinnovati nel coraggio;

Custodiamo ogni insegnamento delle tue storie raccontate.

Guidaci verso quel luogo sacro; dove il purgatorio non debba essere;

Nelle braccia della Madre Addolorata, suo figlio in eterno.

Conducici, Santa Brigida, nella nostra umile ricerca;

Ad abitare nel Regno di Dio, in eterno riposo. Amen.

Illuminazione nel Mio Cammino verso Casa

Credo nel Padre Onnipotente, Creatore del Cielo e della Terra; credo nella guida di Santa Brigida di Svezia, Santa Patrona contro i fuochi del Purgatorio;

Credo nella sua intercessione, Pura e Potente, uno scudo contro il flagello del peccato;

Con gli occhi rivolti al Cielo, cerco l'aiuto di Santa Brigida;

Che le sue preghiere mi guidino, Santificate e Salde, sui sentieri della virtù posti;

Affido il mio cammino, Risoluto e Sublime, alla sua cura materna;

Nei momenti di debolezza, lasciate che le sue parole siano la mia fortezza;

Attraverso prove e tentazioni, possa il suo esempio essere la mia luce;

Imploro con ardore, Costante e Fervente, la sua intercessione davanti al Trono Divino;

Lasciate che il risonare della sua devozione, Fermo e Riverente, anneghi i miei dubbi;

Che l'eco della sua compassione, Incessante e Pura, mi guidi lungo il percorso della vita;

Mi aggrappo alla promessa, Eterna e Vera, che le sue preghiere sono la mia salvaguardia;

Concedi, o Padre Celeste, attraverso le suppliche di Santa Brigida, la grazia di perseverare;

Lascia che la mia anima sia purificata, Luminosa e Radiante, libera dalla sfera del Purgatorio;

Aspiro alla comunione con i Santi, il Riposo Beato, dove le ombre fuggono;

Riconosco le mie trasgressioni, Fragili e Umane; cerco la porta della redenzione;

Nella comunione con Santa Brigida, Stabile e Forte, non vacillerò più;

Accetto il fuoco purificatore, se dovesse arrivare, come chiave della purificazione;

Che le preghiere di Santa Brigida siano con me, al crepuscolo della vita, al mio ultimo respiro;

Che la sua intercessione assicuri, Veloce e Sicura, una morte misericordiosa;

Guardo al giorno, Speranzoso e Umile, in cui nella Luce vengo chiamato a casa;

Attraverso la sua intercessione, possano le Schiere Celesti accogliermi, Gioiose e con il Suono delle Trombe;

E con il Padre Onnipotente, nella gloria eterna, possa riposare in pace nel suo amore e nella sua cura;

Così professo, Forte e Solenne, la mia fede mentre proseguo il viaggio; Amen.

Santuario nelle Piaghe di Cristo

O Gentile Santa Brigida, faretto della grazia celeste;

Ascolta la mia supplica sincera, riversata sulla tenerezza del tuo cuore.

Nelle piaghe di Cristo, nostro Salvatore, trovo il mio rifugio; Nella tua intercessione, la mia speranza.

Il mio cuore è gravato dal residuo dei miei fallimenti terreni; Eppure con te, beata Brigida, cerco consolazione.

Guida il mio spirito verso la luce dell'amore infinito di Dio;

Proteggimi dai fuochi purgatoriali che attraggono la mia anima.

O Santa di Svezia, sussurra il mio nome al trono del Divino;

Implora l'Onnipotente di risparmiarmi il rigore della purificazione oltre questa vita.

Che il Sangue che sgorgò dalle sacre ferite di Cristo mi lavi;

Purificando i miei peccati; rivestendomi della Sua clemenza divina.

In questo regno temporale, sono legato dalle catene dell'imperfezione;

Ma attraverso la tua intercessione, che io sia liberato, condotto verso il riposo eterno.

O Brigida, stammi accanto all'ora della mia partenza terrena;

Assicurami un passaggio celere e sicuro all'abbraccio Celeste.

L'Agnello di Dio, che toglie i peccati del mondo;

Concedimi di partecipare alla Sua promessa di redenzione.

Le tue preghiere, o santa, sono le chiavi della misericordia sconfinata del nostro Signore;

Sblocca per me, ti supplico, i cancelli di un aldilà sereno.

Ad ogni passo che faccio, sono solo un pellegrino, anelante alla dimora del Padre;

O Santa Brigida, guida i miei piedi stanchi lungo il sentiero della virtù.

Ripongo la mia fiducia in te, intercessore dei fedeli;

Che le tue suppliche per me si elevino come incenso, dolce e gradito al nostro Dio.

Che la fine della mia vita sia simile a un soave sospirare nella notte;

Un'anima che scivola silenziosamente via dalle ombre, verso la luce dell'alba.

Rimani al mio fianco, O guardiana compassionevole;

Nella tua bontà, guidami ad evitare il purgatorio che attende, attraverso la santificazione divina.

Attraverso la tua difesa, possano le sacre ferite di Gesù, nostro Redentore,

Essere fontane di grazia dalle quali la mia anima berrà per sempre.

Signore mio, mi abbandono alla Tua infinita bontà;

Nella vita e nella morte, possa io dimorare nel Santuario del Tuo amore.

Amen.

Riflessioni della Celeste Saggezza

Cristo, nella Tua misericordia, ascolta la nostra preghiera per l'intercessione di Santa Brigida di Svezia. Cristo, guidaci nella via della giustizia, affinché possiamo evitare le insidie che portano al purgatorio.

Cristo, ispiraci con la Tua saggezza, come hai fatto con la Tua fedele serva Brigida.

Cristo, fa' che i nostri cuori siano colmi del fuoco del Tuo amore, consumando le nostre scorie e purificando le nostre anime.

Cristo, concedici la grazia di vivere virtuosamente, dedicando ogni istante alla Tua maggior gloria.

Cristo, ricordaci della natura effimera della vita terrena, affinché possiamo concentrarci sulle verità eterne.

Cristo, insegnaci l'umiltà, ad ammettere i nostri fallimenti e cercare il Tuo perdono con cuori contriti.

Cristo, donaci la forza di resistere alla tentazione, fortificando i nostri spiriti contro i vizi che ci allontanano da Te.

Cristo, avvicinaci di più nel nostro cammino quotidiano, affinché possiamo riflettere la Tua luce in questo mondo d'ombre.

Cristo, per le preghiere di Santa Brigida, guidaci verso una vita di santità, evitando le deviazioni che ritardano la nostra unione con Te.

Cristo, purifica le nostre intenzioni, affinché in tutto ciò che facciamo, non serviamo noi stessi, ma la Tua volontà divina.

Cristo, infondi in noi una speranza fervente per il cielo, mantenendo il nostro sguardo fisso sulla gioia che attende i fedeli.

Cristo, possa l'esempio della santità di Santa Brigida ispirarci ad abbracciare le nostre croci con coraggio e gioia.

Cristo, incoraggiaci nelle nostre lotte, affinché possiamo perseverare con fede incrollabile di fronte alle prove della vita.

Cristo, aiutaci a praticare misericordia e compassione, poiché così facendo, alleggeriamo il peso della nostra purificazione.

Cristo, sii il nostro conforto nei momenti di disperazione, ricordandoci che il Tuo amore è la chiave per la libertà dal purgatorio.

Cristo, rendici capaci di cercare e di estendere il perdono, come testimonianza della nostra fede nel Tuo sacrificio redentore.

Cristo, fa' risuonare nelle nostre vite lo spirito di preghiera di Santa Brigida, delle cui intercessioni cerchiamo con fiducia e speranza.

Cristo, attraverso le suppliche di Santa Brigida, possiamo ricevere la corona della vita eterna, risparmiati dalla purificazione dopo la morte.

Cristo, rinnova in noi un impegno zelante a vivere secondo i Tuoi comandamenti, il cammino sicuro lontano dal purgatorio.

Cristo, chiamaci verso il regno celeste, dove santi e angeli cantano le Tue lodi in gioia senza fine.

Cristo, accetta le nostre preghiere di pentimento, come hai accolto il cuore contrito della Tua amata Sposa del Cielo.

Cristo, nel nostro ultimo respiro, concedici la grazia di una morte santa, uniti a Te e a tutti i santi nella pace celestiale.

Cristo, nella Tua infinita misericordia, permettici di arrivare alla nostra dimora celeste, dove potremo contemplare il Tuo volto per tutta l'eternità. Amen.

Forteza nelle Prove della Fede

O Santa Brigida, pia madre, faro della fede svedese,

nella tua bontà, stendi una mano dalla tua dimora celeste.

Sii la mia avvocata, patrocina la mia causa, sussurra le mie fragilità a Colui che è Misericordioso.

All'ombra delle prove, cerco la tua intercessione con cuore tremante,

facendo eco alla tua devozione, ti supplico, avvolgimi nel tuo abbraccio di preghiera.

Intercedi per me, affinché possa essere risparmiato dalle fiamme del purgatorio.

Concedimi la tua forza, Santa Brigida, nelle prove di fede che pesano tanto,

così come hai portato le tue croci, guidami a portare le mie con fortezza.

Implora per me la grazia di camminare sui sentieri della virtù e della purezza.

Tu, che hai trovato conforto nelle piaghe di Cristo, soccorrimi,

guidami alla fonte dell'Amore Eterno, perché possa essere purificato.

Intercedi per me, per bagnarmi nella luce, per non essere perso nelle ombre.

Stammi a fianco, mentre le lusinghe del mondo tentano e mettono alla prova,

la tua fede incrollabile, ora sia il faro per la mia anima.

Proteggimi dalle insidie del peccato, il purgatorio che incombe sulla terra.

Le tue preghiere, un tempo elevate come incenso, ora portano in alto le mie,

sono il coro di un peccatore che anela al tocco della redenzione.

Avvolgimi nel manto delle tue suppliche, presentami al nostro Salvatore.

Nei momenti di dubbio, quando la fede vacilla, ravviva la sua fiamma,

con il tuo aiuto celeste, fortificami per rimanere fermo, saldo e vero.

Intercedi per me, affinché la purezza del cuore sia la mia grazia salvifica.

Come il vasaio plasma l'argilla, possa essere plasmato nella santità,

per le tue preghiere, Santa Brigida, affina l'intento della mia anima.

Proteggimi dal fuoco purificatore, plasmami mediante la mano della misericordia.

Navigatrice dei mari spirituali, guida la mia nave verso casa,

attraverso tempeste e maree, possa la fede essere l'ancora, la speranza la vela.

Ascolta la mia preghiera, Santa Brigida; sii la mia voce dove la mia possa vacillare,

nella tua immensa compassione, presenta le mie suppliche a Colui che è sopra.

Che la grazia abbondi, e la mia anima ascenda, risparmiata dalle profondità purgatoriali.

Amen.

Raccolto di Opere Giuste

O Santa Brigida di Svezia, santa e venerata,

Che un tempo hai camminato su questa terra con pietà e timore,

Umilmente mi appello alla tua grazia nei cieli sopra,

Per intercedere per la mia anima alla luce dell'amore di Dio.

Cristo, guidami sul cammino che è vero,

Cristo, aiutami a vivere con l'eternità in vista.

Cristo, infondi in me le virtù che piacciono al Tuo Sacro Cuore,

Cristo, dalla tua saggezza non mi allontanare mai.

Nel mio lavoro quotidiano, lascia che le mie mani operino per la pace,

Nei momenti di silenzio, possa aumentare la mia contemplazione.

Nella compagnia degli altri, lascia che la gentilezza sia il mio parlare,

Nella cattedrale della natura, insegnami le Tue lezioni.

Santa Brigida, prega affinché io possa dare in misura generosa,

Per avere nel mio cuore un tesoro eterno.

Il raccolto di opere giuste, possa crescere di giorno in giorno,

Nel suolo della Parola Divina, possa io fermamente rimanere.

Cristo, sii il sole che matura il mio raccolto,

Cristo, sii la pioggia su questo campo spirituale.

Cristo, sii il vento che disperde il dubbio e la paura,

Cristo, nei momenti di prova, mantieni pura la mia coscienza.

Nell'ora della mia morte, Santa Brigida, stammi accanto,

Quando il mio spirito sarà giudicato, lascia che le tue preghiere mi liberino.

Implora l'Onnipotente di guardare a me con favore,

La Sua misericordia su di me risplenda, e la mia anima Egli gradisca.

Con ogni respiro, possano le mie azioni riflettere la Tua gloria,

Con ogni passo, possa io ricordare la fugacità della vita.

Con ogni alba, possa la mia fede essere rinnovata,

Con ogni tramonto, possano le mie trasgressioni essere dominate.

Nella quiete della notte, quando cerco un riposo tranquillo,

Nel vigore del mattino, quando gli occhi dal sonno si aprono,

Santa Brigida, vigila e guida il viaggio del mio spirito,

Affinché io possa bypassare il purgatorio per l'avvocato del cielo.

Cristo, accogli i miei sforzi come un'offerta umile,

Cristo, attraverso le preghiere di Santa Brigida, concedi il perdono che cerco.

Cristo, avvolgi la mia anima nella Tua premurosa attenzione,

Cristo, con i Tuoi santi, lascia che la mia dimora sia lassù.

Avvolto nel manto della Tua grazia incessante,

La mia anima trova consolazione nel Tuo sacro abbraccio.

Per intercessione di Santa Brigida, matura la mia fede come un frutto,

Cristo, raccoglimi nel Tuo raccolto, dalla radice al germoglio.

Conforto nell'Ora della Morte

O dolce Navigatrice, Santa Brigida, guidaci attraverso i mari insidiosi della vita, E nel nostro ultimo viaggio, quando le ombre si allungano e le coste scompaiono,

Soffia nelle nostre vele il vento che conduce al rifugio del Cielo.

Aiutaci, o Faro del Nord, a tracciare un percorso vero e costante,

Poiché nel crepuscolo dei nostri giorni, non lasciare che la nebbia della paura ci confonda,

Né che le onde dell'incertezza inghiottano la nostra pace.

Sussurra, o Voce nella tempesta, i segreti del cammino della Misericordia Divina,

Affinché possiamo evitare il purgatorio d'attesa, un'immensità senza fine,

E giungere sulla benedetta riva dove la luce eterna non getta ombra.

Intercedi per noi, Santa Brigida, affinché le nostre opere terrene riflettano la grazia celeste,

Che nel bilancio della vita, le nostre azioni contino per un passaggio diretto,

Risparmiandoci le prove di uno spirito non ancora maturo per l'abbraccio del paradiso.

Avvolgici, Figlia dei Santi, nel tuo manto tessuto di preghiere,

Quando il mantello della mortalità si disfa e l'ultima ora si avvicina,

Non lasciare che la disperazione sia la nostra bussola, ma la fede la nostra stella guida.

Intercedi per noi, o Brigida, affinché il pentimento sia nostro fermo compagno,

Che con cuori contriti cerchiamo il perdono come nostra ancora d'oro,

Non appesantiti dal peccato, ma sostenuti dalla marea resiliente della speranza.

Prega il Salvatore, che un tempo sulla terra hai amato con cuore fervente,

Affinché ci possa concedere il passaggio attraverso la solenne porta della morte,

E ci accoglia con lo stesso caldo abbraccio che un tempo cercasti.

Chiedi alla Corte Celeste, di preparare un posto tra la flotta celestiale,

Affinché le nostre anime possano attraccare accanto a santi e angeli, nella consolazione senza fine,

Dove l'Oceano dell'Amore di Dio lava via le sabbie della lotta mortale.

O Brigida, Saggia e Santa, che il Signore tenne cara,

Sii nostra avvocata quando la fine si avvicina,

Che possiamo scivolare dolcemente nel giorno eterno di Dio.

Con la tua intercessione, possiamo affrontare l'ultimo respiro con coraggio impavido,

Abbracciati dalla Luce, oltre i confini del purgatorio, le nostre anime trascendono il loro percorso,

Poiché nel regno di Dio, sotto la tua guida, cerchiamo il nostro riparo speranzoso.

Amen.

Manto di Umiltà e di Amore

O umile Santa Brigida, splendente fiamma dell'amore divino, volgi su di noi i tuoi occhi misericordiosi. Guidaci al manto dell'umiltà e dell'amore, affinché Cristo possa ritenere degno di sé.

Condotti sul sacro sentiero percorso dai santi, affinché la luce di Cristo possa dissipare le nostre tenebre.

Intercedi per noi, affinché la misericordia di Cristo ci purifichi dal peccato, freschi come la rugiada del mattino.

Intercedi per le nostre anime, affinché la grazia di Cristo ci avvolga e le prove del purgatorio siano alleviate.

Salgano le tue preghiere come incenso, affinché Cristo possa ascoltare la nostra supplica devota.

Fai da nostra avvocata, affinché il cuore di Cristo si commuova e ci perdoni i nostri difetti.

Parla per noi nelle corti celesti, affinché la giustizia di Cristo possa essere temperata dalla compassione.

Sta accanto a noi nell'ora del giudizio, affinché Cristo si ricordi del nostro amore e servizio.

Cerca per noi la virtù dell'umiltà, affinché Cristo possa vedere la sincerità dei nostri cuori.

Implora per noi la compassione di amare, affinché Cristo possa riconoscere il suo comandamento nelle nostre azioni.

Chiedi per noi la forza di perseverare, affinché Cristo, nella sua misericordia, possa abbreviare le nostre prove terrene.

Avvolgici nel manto dell'umiltà, affinché lo sguardo di Cristo possa favorirci con dolcezza.

Avvolgi le nostre anime nell'amore, affinché Cristo possa proteggerci dalle fiamme del purgatorio.

Sussurra i nostri nomi all'orecchio dell'Onnipotente, affinché Cristo ci conceda un rapido passaggio alla gloria eterna.

Richiedi per noi la saggezza degli umili, affinché Cristo ci conceda chiarezza di scopo.

Prega affinché il nostro amore rifletta quello di Cristo, incondizionato e puro.

Chiedi la grazia del pentimento sincero, affinché Cristo possa trovare genuino il nostro ravvedimento.

Arruola per noi la comunione dei Santi, affinché i compagni di Cristo ci guidino lontano dalle tentazioni.

Procura per noi una fede salda, affinché la promessa di Cristo possa essere la nostra speranza eterna.

Invoca la fiamma dello Spirito per purgare le nostre scorie, affinché Cristo possa raffinarci nel suo amore.

O Santa Brigida, non chiediamo di eludere la nostra giusta purificazione, ma di affrontarla nell'abbraccio di Cristo.

Il sangue di Cristo ci lavi, lasciando puliti e splendenti i nostri spiriti.

Non permetterci di vacillare o disperare, poiché nelle mani di Cristo riponiamo la nostra fiducia.

Attraverso la tua intercessione, possiamo indossare il manto dell'umiltà e dell'amore, raggiungendo il nostro riposo finale in Cristo.

Emergiamo dalla forgia della vita come oro, purificati dal sacrificio redentore di Cristo.

Con cuori ardenti nell'amore divino, possiamo unirci a Cristo e ai santi nella pace eterna.

Amen.

Fervore nell'Abbraccio del Rosario

O dolce Santa Brigida, condotta da visioni a una vita di preghiera,

Porgi l'orecchio a noi mentre cerchiamo il tuo celeste aiuto.

Per le anime nella presa del purgatorio, implora la tenera misericordia del Divino;

Che attraverso l'abbraccio del Rosario, possano trovare rapido passaggio alla grazia.

I sussurri di Ave Maria, come petali, fluttuano sulla brezza tranquilla,

Mentre intrecciamo le mani con le perle, una catena di fede incessante.

Santa Brigida, guida le nostre preghiere, come il mattino guida i primi raggi del sole,

Che la nostra devozione, pura e vera, possa illuminare la via per la liberazione delle anime.

L'eco fervente del nostro appello del Rosario, attraverso il velo dell'invisibile,

Risuona con una supplica d'amore per spegnere i fuochi non visti.

Porta le nostre preghiere, o santa, al Trono della Misericordia in alto,

Dove ogni decina filata nella fede porta la notte del purgatorio verso l'approssimarsi dell'alba.

Nel giardino dello spirito, dove fioriscono rose eterne,

Lascia che il profumo delle nostre preghiere disperda ombre

e oscurità.

Che le lacrime della Madre e il Sangue del suo Figlio,

Diventino la rugiada che ammorbidisce il terreno per la vittoriosa corsa delle anime.

Come allodole che si alzano dal sonno con canti che squarciano l'alba,

Le nostre suppliche sincere da cuori contriti e consumati,

Ascendono ai cieli attraverso la grazia della tua intercessione,

Mentre cerchiamo un rifugio sicuro nello spazio sacro dell'Onnipotente.

O Santa Brigida, colma il baratro tra l'uomo e il Divino,

Avvolgi il manto della tua preghiera intorno alle anime dove la speranza si intreccia.

Dentro l'abbraccio del Rosario, lascia che ogni perlina diventi una stella,

Per illuminare il cammino e dal purgatorio, sbarrare.

Ora, ci troviamo, umili pellegrini, sulla soglia della notte,

Guardando nell'eternità con la luce inossidabile della fede.

Attraverso di te, Santa Brigida, possano le nostre preghiere guadagnare il potere di proteggere,

Affinché le anime possano lasciarsi alle spalle le loro catene e cedano alla Luce delle Luci.

E alla fine del nostro viaggio, quando le fatiche terrene svaniscono,

Guidaci nel Regno dove la luce di Dio non è mai oscurata né ritardata.

Alleggerimento dal Peso del Peccato

O Santa Brigida, valorosa serva di Dio, ti supplichiamo, intercedi per noi,

Per i meriti della tua fede incrollabile, concedici la grazia di evitare le insidie che portano al purgatorio,

Poiché conosci il peso del fardello del peccato, le silenziose catene che legano l'anima,

Nella tua compassione, prega per la nostra liberazione, mentre ci sforziamo di emulare la tua santa vita.

Con cuori contriti ci avviciniamo a te, cercando il balsamo del tuo soccorso pregante,

Santa Brigida, portatrice di sapienza, condividi con noi i segreti della purezza celeste,

Spronaci verso atti di penitenza, a lavare via le nostre macchie terrene,

Affinché, purificati dal dolore e dall'amore, possiamo trovare favore davanti al Giudice Divino.

Aiutaci, o Santa Brigida, a riconciliare i nostri errori prima del crepuscolo dei nostri giorni,

Insegnaci le virtù che tu hai incarnato, umiltà, carità e devoto silenzio,

Guida i nostri pensieri, orienta le nostre azioni, verso la luce del regno eterno,

Perché all'ombra delle nostre malefatte, solo l'intercessione divina può portarci alla giustizia.

Eleva le nostre suppliche, o pia, al trono della misericordia celeste,

Non lasciare che il rimorso delle nostre trasgressioni ostacoli il nostro passaggio all'abbraccio del Padre,

Invoca per noi il sacro cuore di Gesù, così pieno di amore e clemenza,

Affinché possiamo scartare i mantelli del peccato e vestire i nostri abiti nella speranza scintillante.

O solida ponte tra terra e cielo, difensore dei penitenti e dei puri,

Ricordaci la gioia che giace nella confessione delle nostre colpe, le lacrime che guariscono e santificano,

Insegna ai nostri spiriti le vie della pace, affinché l'ira e l'invidia si dissolvano nella dolce resa dell'amore,

E attraverso le tue preghiere, possiamo ricevere la forza per conquistare le prove che purificano l'anima.

Nei nostri momenti più bui, sussurra coraggio nei nostri cuori, riflessi della forza divina,

Affinché, liberi ed inviolati, possiamo ascendere, accolti dal coro celeste.

Ascolta le nostre suppliche, o gentile Santa Brigida, mentre aneliamo alla liberazione dal pesante giogo del peccato,

Intercedi per noi, affinché nel momento del respiro finale, possiamo rallegrarci, liberi dal reclamo del purgatorio,

E siamo introdotti senza indugio nel regno della luce, dove nessuna ombra può dimorare,

O Santa Brigida, con fiducia nella tua protezione, affidiamo questa preghiera alle tue cure. Amen.

Elevati alla Luce Eterna

Nella comunione dei santi, siamo uniti; nella saggezza della Chiesa, camminiamo illuminati. O Santa Brigida, tu faro di speranza, guidaci con la preghiera alle porte della luce celeste. Crediamo nel Padre Onnipotente; nella Sua misericordia, vasta come l'oceano. Crediamo nella redenzione attraverso Suo Figlio, Gesù Cristo, che ha sconfitto la morte e il peccato.

Ti invochiamo, o Santa Brigida, perché interceda per noi; con le tue preghiere, proteggici dai fuochi del purgatorio.

Cerchiamo il cammino verso la pace eterna; attraverso la tua santa intercessione, rendi il nostro viaggio rapido.

Ci impegniamo nella rettitudine, a vivere nella grazia di Dio; guidati dallo Spirito Santo, ispirati dalla tua fede costante.

Confidiamo nel Padre Onnipotente; la Sua promessa di salvezza, incrollabile. Ci abbandoniamo alla Sua divina volontà, credendo nella Sua infinita bontà.

Prega per noi, o Santa Brigida, affinché possiamo evitare le insidie del peccato; che la purezza di cuore sia la nostra armatura, e la pietà la nostra spada.

Aspiriamo alla comunione dei santi; per stare tra i beati alla presenza del Padre Onnipotente.

Valorizziamo la Parola, la sua verità nostra roccaforte; nei suoi insegnamenti, troviamo il cammino verso l'abbraccio dell'Onnipotente.

Intercedi per noi, o dolce guida, la grazia di perseverare; affinché possiamo sconfiggere il vizio, abbracciando la virtù.

Aneliamo alla luce del volto di Dio; nella Sua gloria, possiamo risplendere in eterno.

Onoriamo la divina giustizia del Padre Onnipotente; accettando i Suoi giudizi, la Sua misericordia è la nostra supplica.

Prega per noi, o Santa Brigida, affinché la nostra fede non vacilli; che nelle prove della vita, rimaniamo sempre fermi e veritieri.

Crediamo nell'assoluzione; il profondo sacramento delle confessioni. Attraverso la penitenza, possano le nostre anime essere purificate, pronte a salire alla vista dell'Onnipotente.

Cerchiamo il regno eterno; con fervente speranza, viaggiamo. Con le tue preghiere, Santa Brigida, conduci via dalla notte del purgatorio.

Crediamo nell'intercessione dei santi; con te, o Santa Brigida, come nostra avvocata davanti al trono divino.

Concedici, attraverso le tue preghiere, un passaggio rapido; dalla dimora terrena al corteo del Padre Onnipotente.

Ci impegniamo a vivere nell'amore, come insegna il Vangelo; in carità, unità e pace celeste.

Implora per noi, o Santa Brigida, il favore del Padre Onnipotente; affinché alla fine della nostra vita, la Sua luce ci accoglierà.

Onoriamo la santa vita che hai condotto; nell'emulazione, possiamo percorrere il cammino della giustizia.

Prega per noi, affinché all'ora della nostra morte, il Padre Onnipotente ci accolga; nel Suo regno, dove sorge la luce eterna.

Crediamo nella vita eterna; attraverso l'amore del Padre Onnipotente, nella compagnia dei santi, possiamo dimorare per sempre.

Intercedi per noi, o Santa Brigida; affinché quando il tempo cesserà, sorgeremo alla luce eterna.

Ancorati nella Speranza Eterna

O mite Santa Brigida, faro del Nord, tu che sei immersa nella luce eterna, ascolta la nostra umile supplica, noi che cerchiamo il cammino verso la speranza eterna. Nel tuo abbraccio compassionevole, avvolgi le nostre anime che desiderano la dimora divina, intoccate dalle ombre del regno del purgatorio.

Tu che hai camminato sulle orme di Dio stesso, intercedi per noi, affinché il nostro soggiorno terrestre sia segnato da atti di purezza e pietà.

Come rugiada sull'erba del mattino, possa la grazia scendere sui nostri spiriti, rinfrescandoli e preparandoci per il nostro viaggio verso casa.

Santa Brigida, ascolta la nostra preghiera; intercedi per noi, affinché possiamo evitare le insidie che conducono alla porta della purgazione.

Non sia turbato il nostro cuore dalla purga che purifica, ma piuttosto, sia avvolto nel manto misericordioso del perdono.

Possa la nostra offerta di amore e carità essere come dolce incenso che sale, placando i cuori della corte celeste.

In te, o nobile santa, troviamo un guardiano forte e costante, che ci guida lontano dall'abbraccio delle fiamme purificatrici.

Intreccia per noi una ghirlanda di atti virtuosi, che possiamo indossare con orgoglio quando ci presenteremo davanti alle porte del paradiso.

Come il pastore guida il suo gregge attraverso i campi verdi, così la tua guida ci indirizzi verso i pascoli celesti, lontani dagli attriti della prova.

Canalizza verso di noi la sapienza del Signore, affinché con ogni respiro, scegliamo il cammino dei giusti, allontanandoci dall'abisso dell'espiazione.

Nella tua benevolenza, Santa Brigida, spargi i semi della santità nei solchi delle nostre vite, affinché possano sbocciare in un santuario di pace.

Sia tessuta la tappezzeria della nostra vita con fili di santità, affinché possa essere degna di adornare le sale del Regno Eterno.

Intercedi per noi, affinché il crescendo delle nostre vite sia una sinfonia di buone opere, che riecheggia attraverso le sale della giustizia divina con il dolce suono della misericordia.

Porta in alto le nostre preghiere, o nobile Santa Brigida, affinché possiamo essere risparmiati dalle fiamme purificatrici e accolti nel caldo abbraccio del cuore stesso di Dio.

Nel silenzio della notte, sussurra i nostri nomi all'Onnipotente, affinché Egli possa iscriverli nel Libro della Vita senza macchia né errore.

Con ogni alba, concedici una fresca unzione di speranza, affinché possiamo camminare alla luce del volto di Dio, indisturbati dal richiamo delle tenebre.

Come il passero trova rifugio nel suo nido, possiamo trovare santuario nella promessa della salvezza, lontani dalla portata del purgatorio.

Guida i nostri passi, beata Santa Brigida, sulla stretta via che conduce alla vita, dove il fulgore della gloria di Dio eccede la necessità di purificazione.

Nella tua santa intercessione, sii la nostra avvocata, affinché al crepuscolo dei nostri giorni, possiamo passare dal tempo all'eternità, con anime limpide come ruscelli di montagna.

Amen.

Guarigione del Cuore Contrito

O Santa Brigida, fedele serva e intercessore in preghiera; prega per le nostre anime. Nella tua misericordia, intercedi per noi davanti al Trono della Grazia; allontana il purgatorio che attende gli impuri.

Per amore del Cuore Eucaristico di Gesù; intercedi per la nostra purificazione qui sulla terra.

Attraverso le tue sante visioni, hai visto le prove delle anime; rivolgiti all'Onnipotente per nostro conto.

Credo nel potere delle tue preghiere; come una fortezza contro le insidie del peccato.

Nelle sofferenze che hai abbracciato, trova merito per la nostra purificazione; sii la nostra avvocata in corte celeste.

Il Padre Onnipotente, Creatore del Cielo e della Terra; possa Egli ascoltare le tue suppliche per noi.

Che la Sua Divina Giustizia sia temperata dalla misericordia; attraverso la tua intercessione, possa la nostra contrizione essere resa perfetta.

Per la guarigione del cuore contrito, tu sei testimone; della misericordia di Dio che dura per sempre.

Concedici, per mezzo delle tue preghiere, la grazia del distacco completo dal peccato; affinché il nostro cammino terreno possa essere santificato.

Come hai consigliato molti verso il cammino della rettitudine, guidaci nella via della penitenza e della preghiera.

Che le nostre vite riflettano l'amore di Cristo; affinché possiamo evitare i dolori del purgatorio.

Lascia che il Sangue dell'Agnello, versato per la nostra redenzione, sia il nostro diritto alla gloria celeste; o Santa Brigida, sosteni questa causa.

Che il nostro pentimento sia sincero; i nostri cuori, un testamento dell'abbraccio perdonante del Padre.

Nella tua compassione, aiutaci a vivere nella verità del Vangelo; affinché la nostra fede possa essere il nostro testamento.

Col tuo esempio di vita santa, muovi i nostri spiriti alla ricerca della santità; affinché possiamo essere ritenuti degni alla fine della vita.

Che il Sacro Cuore di Gesù, al quale eri tanto devota, sia il nostro rifugio e la nostra forza.

Che i nostri difetti non ci conducano alla disperazione, ma attraverso le tue preghiere, troviamo speranza nella Sua infinita misericordia.

In ogni prova e tentazione, sii il nostro scudo; lascia che le tue preghiere rafforzino la nostra risolutezza nel fare il bene.

Fedele Santa Brigida, nel tuo abbandono alla volontà di Dio, mostraci il cammino per l'unione eterna con Lui.

Che la luce divina di Cristo illumini le nostre anime; attraverso le tue preghiere, possiamo sfuggire alle ombre del purgatorio.

Eterna è la misericordia del Padre; con il tuo aiuto, possiamo partecipare alla pienezza della Sua grazia.

Per la guarigione del cuore contrito, possa la tua intercessione essere come balsamo; conducendoci alla patria celeste.

Amen.

Tranquillità nella Transizione della Vita

O Padre Celeste, nella Tua infinita compassione, cerco l'intercessione di Santa Brigida di Svezia, per la sua saggezza e la sua grazia, e il suo cuore così in sintonia con la Tua divina misericordia.

Santa Brigida, faro di speranza e carità, guidami attraverso il complesso passaggio della vita,

Stammi accanto alle soglie del cambiamento, dove le ombre danzano con la luce.

Mentre percorro il fragile confine tra il travaglio terreno e la pace celeste,

Intercedi per me affinché possa evitare i fuochi purificanti del purgatorio.

Porta le mie preghiere al trono di Dio, affinché la mia anima possa essere lavata nella purezza mentre percorro il cammino della vita,

E che possa vivere in modo tale da riflettere l'amore e la santità del divino.

In ogni momento di dubbio, in ogni ora di prova, sussurra al mio cuore le promesse di Dio,

Perché io possa trovare consolazione e forza nel Suo eterno abbraccio.

Santa Brigida, prudente e santa, prendi la mia mano e guidami sulla via della virtù,

Infondi in me un cuore umile, affinché possa essere elevato nei momenti di umiltà.

Aiutami a seminare semi di perdono, ad estirpare l'amaro e a piantare tenerezza al suo posto,

Perché possa rispecchiare il perdono che Cristo ha mostrato, e così illuminare il cammino verso l'eternità.

Nei momenti di gioia, non lasciare che dimentichi la fonte di ogni bene,

Affinché la mia gratitudine possa elevarsi come offerta, gradita agli occhi di Dio.

Prestami la tua chiarezza, Santa Brigida, affinché la mia mente possa restare fissata sui tesori del cielo,

Concedi che il brillare effimero di questo mondo non possa mai eclissare la gloria della vita futura.

Se la sofferenza bussa alla mia porta, infondimi coraggio e pazienza per sopportarla,

Perché attraverso la sofferenza, lo spirito possa essere raffinato e preparato per l'incontro divino.

Insegnami a vivere ogni giorno consapevole del mio ultimo viaggio,

Affinché ogni atto, ogni pensiero, ogni battito del cuore possa essere un passo verso il cuore di Dio.

Santa Brigida, attraverso la tua dolce intercessione, possa la luce di Cristo splendere sui miei anni del crepuscolo,

Proteggimi dai sussurri del decadimento e guidami all'alba del giorno eterno.

Nell'attesa paziente di quell'ultimo respiro, lascia che la speranza sia il mio santuario,

Perché con le tue preghiere, Santa Brigida, oso aspirare alla promessa del cielo senza indugio.

Amen.

Vincere le Insidie della Tentazione

Nel quieto santuario del mio cuore, cerco la tua guida, Santa Brigida,

Il brillio della tua devozione illumina il mio cammino, come stelle per il viandante stanco.

In mezzo alle spine della tentazione che cercano di avvolgere la mia anima,

Invoco la tua intercessione, come un pastore guida il suo gregge lontano dal pericolo.

Nella quiete della preghiera, trovo il sussurro della tua saggezza,

Un murmure gentile come un ruscello che lenisce la terra arsa dal dubbio.

Tu, che hai percorso la terra con piedi saldi nella fede,

Tendi la tua mano per stabilizzarmi, come un faro per la nave in balia dell'oceano.

Poiché nell'ombra della tua pietà, cerco rifugio dalle insidie della carne,

La tua vita virtuosa, testimonianza della forza che risiede nella resa.

Con il tuo manto di purezza drappeggiato sulla fragilità delle mie intenzioni,

Sento il calore della speranza, come l'abbraccio del sole sulla rugiada del mattino.

Attraverso te, Santa Brigida, il Divino Vasaio plasmi il mio spirito,

Come le mani delicate del giardiniere che suscitano bellezza dal suolo malleabile.

In te, trovo il coraggio di resistere alle mele dorate della tentazione,

Con la fede come scudo, e il tuo esempio come la mia spada scintillante.

Concedimi la serenità di discernere il transitorio dall'eterno,

Di cercare non il conforto effimero, ma la solenne consolazione del Divino.

Come il fiume resiste alle rocce aguzze per fondersi con il vasto oceano,

Così possa la mia anima, con le tue preghiere, navigare le correnti della prova.

Insegnami ad abbracciare il sacrificio, come la terra accoglie il seme alla vita,

Per sbocciare con virtù che si dondolano, resilienti nei venti della capricciosa sorte.

Che la mia vita diventi un arazzo di azioni tessute con fili di temperanza,

Ogni scelta un tratto di colore, ogni momento un punto più vicino al Divino.

E quando inciampo, lascia che le tue preghiere siano la brezza che mi solleva,

Un soffio di paradiso che porta l'anima, in alto, oltre la presa della forza di gravità.

Santa Brigida, sii la mia avvocata, mentre mi sforzo di vivere una vita di santità,

Per superare, per perseverare, per trionfare sulle tentazioni, nella ricerca della gioia eterna.

Chiarezza in Mezzo al Dubbio

O Santa Brigida, fedele serva di Dio e umile cercatrice del Suo Regno, veniamo davanti a te, implorando la tua potente intercessione.

Concedici, ti supplichiamo, la grazia di navigare questa vita con purezza e amore,

affinché possiamo evitare i fuochi purificatori del purgatorio e abitare nella luce eterna.

O Santa Brigida, il cui cuore era un santuario di devozione divina,

guarda a noi nel nostro dubbio; guidaci alla chiarezza nella nostra confusione spirituale.

Come tu, in vita, cercasti la saggezza dell'Onnipotente,

sii ora la nostra guida attraverso le nebbie dell'incertezza che velano i nostri cammini.

Sconfiggi, o gentile patrona, le ombre del peccato che minacciano di intrappolarci,

e intercedi per noi affinché le nostre anime possano essere come candidi gigli agli occhi del Signore.

Di fronte alla tentazione, ricordaci la natura effimera del piacere terreno;

e nella luminosità del tuo esempio, risplendi su di noi una luce di speranza e perseveranza.

Prega per noi, affinché la nostra fede sia salda e le nostre opere testimonino il nostro amore per Cristo,

così che al nostro ultimo respiro, possiamo evitare le porte del purgatorio e presentarci immacolati davanti al trono della grazia.

Desideriamo la pace celestiale che supera ogni comprensione; implora il Signore per la Sua misericordia, affinché possiamo essere avvolti nel Suo abbraccio eterno.

O Santa Brigida, faro di pietà scandinava,

nella tua compassione, non abbandonarci mentre ci sforziamo di camminare sulle orme del Salvatore.

Non lasciare che i nostri fallimenti terreni definiscano il nostro viaggio eterno,

ma piuttosto concede che la grazia divina perfezioni la nostra natura e tracci il nostro cammino verso il cielo.

Sii la nostra avvocata, o Santa Brigida, quando verrà l'ora del giudizio;

intercedi per noi, affinché le nostre vite possano essere viste attraverso il lente dell'amore divino,

e che le nostre anime, sollevate dalle preghiere dei giusti, possano trovare un rapido passaggio al paradiso.

Nel silenzio dei nostri cuori, invochiamo il tuo consiglio e il tuo sostegno,

poiché i santi in cielo sono sempre vicini a coloro che li cercano con sincerità.

Ci impegniamo, d'ora in poi, a emulare le tue sante virtù,

abbracciando la croce con coraggio e arrendendo la nostra volontà al divino.

Che il nostro cammino da qui in poi sia segnato dalla serenità e da un cuore non influenzato dalle insidie mondane;

poiché attraverso la tua intercessione, aspiriamo alla patria celeste, dove l'amore e la verità regnano per sempre. Amen.

Grazie Signore...

_____
_____
_____
_____
_____
_____
_____
_____
_____
_____

Santa Brigida di Svezia, ti prego intercedi per me...

_____
_____
_____
_____
_____
_____
_____
_____
_____

La mia preghiera personale...

_____
_____
_____
_____
_____
_____
_____
_____
_____

La mia preghiera per i miei cari...

_____
_____
_____
_____
_____
_____
_____
_____
_____
_____

Le mie sfide attuali...

_____
_____
_____
_____
_____
_____
_____
_____

Signore, offrimi la guida...

_____
_____
_____
_____
_____
_____
_____
_____

"Egli annienterà la morte per sempre; il Signore Dio asciugherà le lacrime da tutti i volti."

- Isaia 25:8

Novena

Introduzione

Benvenuti alla Novena ispirata a Santa Brigida di Svezia, un'odissea divina minuziosamente intrecciata nel tessuto della vita esemplare di una donna - una santa le cui profonde rivelazioni e lo spirito tenace continuano a illuminare il cammino verso la santità. Mentre intraprendiamo questo percorso di nove giorni di preghiera e contemplazione, è opportuno prendersi un momento per ancorarci all'essenza di ciò che una novena rappresenta - un periodo di intensa e dedicata intercessione, una ricerca spirituale per una più profonda unione con il divino.

In questa novena, ogni giorno sarà un passo più vicino all'emulazione delle virtù che Santa Brigida ha così fervidamente esibito durante la sua vita. Attraverseremo le valli delle sue prove e saliremo le vette delle sue vittorie spirituali, cercando in esse la luce per dissipare le ombre dentro di noi. Dedicandoci a questo periodo di preghiera, non solo onoriamo la memoria di Santa Brigida di Svezia ma invochiamo anche la sua guida e intercessione per aiutarci a evitare le insidie che potrebbero portare al Purgatorio.

Mentre procediamo, lasciate che ogni preghiera sia una umile supplica, ogni meditazione un riflesso della propria devozione di Brigida, affinché possiamo applicare le lezioni della sua vita alla nostra. Prendiamoci questi nove giorni per coltivare il suolo delle nostre anime, affinché possiamo crescere nella grazia e, un giorno, fiorire nel giardino eterno del Signore, liberi dalle purificatrici fiamme del Purgatorio. Con cuori aperti e spiriti disponibili, iniziamo ora questa sacra novena.

Grazie Signore per...

_____

_____

_____

_____

_____

_____

_____

_____

_____

_____

_____

_____

_____

_____

_____

Le mie intenzioni personali di novena...

_____

_____

_____

_____

_____

_____

_____

_____

_____

_____

_____

_____

_____

_____

_____

_____

Le mie intenzioni per l'umanità...

_____
_____
_____
_____
_____
_____
_____
_____
_____
_____
_____

Le mie intenzioni di novena per i miei cari...

_____
_____
_____
_____
_____
_____
_____
_____
_____
_____
_____
_____
_____
_____

Primo Giorno

Iniziamo il nostro viaggio spirituale riflettendo sul giovane e puro cuore di Santa Brigida di Svezia. Fin da bambina, Brigida possedeva uno straordinario senso di pietà e un desiderio urgente di connettersi con il divino. La sua vita cambiò per sempre quando fu graziosa di una prima visione celestiale, un momento che l'avrebbe indirizzata verso una profonda consapevolezza spirituale e una devozione incrollabile al nostro Signore. In questa scena iniziale di grazia, immagina la giovane Brigida, con il cuore aperto e recettivo al messaggio celestiale che ricevette. Attraverso gli occhi della fede, lei contemplò l'incredibile splendore dell'amore di Dio, un amore che avrebbe guidato ogni sua azione e l'avrebbe ispirata per tutta la vita. Medita sulla purezza e innocenza con cui accolse quest'amore divino, lasciandolo permeare il suo essere e annunciare il suo destino come fedele serva di Dio.

Mentre meditiamo su questa esperienza cruciale nella vita di Santa Brigida, preghiamo per la grazia di risvegliare anche i nostri cuori alla presenza di Dio nelle nostre vite. Possiamo, come Brigida, diventare acutamente consapevoli del Suo amore divino e permettergli di trasformarci. In un mondo pieno di distrazioni e preoccupazioni temporali, è troppo facile perdere di vista l'eterno. Pertanto, supplichiamo il Signore di concederci un profondo senso della Sua vicinanza, affinché possiamo rispondere con lo stesso fervore e impegno di Santa Brigida.

Prenditi un momento per silenziare il tuo cuore e la tua mente. Mentre inspiri lentamente, immagina di assorbire la luce dell'amore di Dio, e mentre espiri, rilascia tutto ciò che ti separa da Lui. Invita la Sua presenza nella tua anima e chiedi la chiarezza per riconoscere la Sua mano guida nella tua vita quotidiana.

Con questo sereno stato di contemplazione, preghiamo con fervore Santa Brigida. Cerchiamo la sua intercessione affinché possiamo essere concessi la grazia di una visione simile alla sua—non necessariamente un miracolo dei sensi, ma una consapevolezza interna profonda dell'amore onnipresente di Dio:

"O santa Brigida, che sei stata toccata da Dio in così tenera età e sei diventata un vaso della Sua santa volontà, intercedi per noi, affinché possiamo anche noi sperimentare il profondo amore del nostro Creatore. Prega affinché i nostri cuori siano purificati, le nostre intenzioni rese altruistiche e le nostre azioni riflettano l'amore che tu hai così pienamente abbracciato. Guidaci nella nostra ricerca di completezza spirituale, affinché possiamo non solo cercare di evitare le prove del Purgatorio, ma vivere nell'attesa gioiosa dell'unione eterna con il nostro Padre celeste.

Santissima Brigida, come una volta hai ricevuto il dono dell'amore di Dio attraverso la rivelazione divina, aiutaci a trovare il Suo amore nei semplici e quotidiani momenti della nostra vita. Inspira in noi a vivere con senso di scopo e devozione, coltivando una relazione personale con Gesù, nostro salvatore. Amen."

Concludendo la tua meditazione, porta con te per quest'oggi e oltre, l'intento di coltivare un cuore come quello della giovane Brigida—riempito dell'amore di Dio e sensibile al Suo amorevole richiamo.

Secondo Giorno

Iniziamo il nostro secondo giorno della novena posizionando i nostri cuori in un luogo di serenità e riverenza, riflettendo l'incrollabile fiducia di Santa Brigida di Svezia nel Padre Celeste durante il suo periodo di profondo dolore. Nelle ombre impenetrabili che avvolgevano il mondo di Santa Brigida dopo la morte della sua amata madre, lei scoprì un luminoso faro di conforto nella sua fede incrollabile. Sua madre era stata la sua fonte di conforto e saggezza umana, guidandola attraverso le complessità della vita con dolci consigli e l'esempio divino. Nella scia di tale desolazione, Santa Brigida adottò la sua fede come pietra angolare della sua esistenza, permettendo all'amore eterno di Dio di permeare le profondità del suo dolore.

Oggi, teniamo teneramente nei nostri cuori tutte le anime che sono vestite con gli abiti del lutto. Possano le nostre preghiere ascendere come incenso per coloro che sono assediati dal vuoto doloroso lasciato dalla partenza dei propri cari. Imploriamo l'intercessione di Santa Brigida, nostra compassionevole avvocata, per spruzzare su di loro l'essenza della consolazione divina.

Nel nome del nostro Salvatore, Gesù Cristo, preghiamo:

O Padre Misericordioso, nella Tua divina saggezza, hai tracciato i confini tra la vita e la morte, e ci hai cullati nella Tua benevolenza lungo il viaggio della nostra esistenza. Così come hai accolto Tua figlia Brigida durante la sua epoca di dolore, Ti supplichiamo umilmente di estendere il Tuo abbraccio confortante a tutti coloro che stanno navigando i mari tempestosi del dolore.

Concedi, o Signore, il dono della forza ai nostri fratelli e sorelle in lutto. Concedi loro le grazie necessarie per attraversare il loro cammino di perdita con la fede come loro bussola, la speranza come loro ancora e il Tuo amore eterno come loro consolazione. Insegnaci a fidarci delle Tue promesse, a cercare rifugio nel calore delle Tue cure e ad emergere dalla crogiolo del dolore temprati dalla Tua grazia.

Come Santa Brigida ha trovato forza nella contemplazione e nella preghiera, possano coloro in lutto trovare il coraggio di partecipare alla saggezza del suo esempio. Ispirali a comunicare con Te nel silenzio dei loro cuori, dove i sussurri della Tua consolazione superano il caos della loro disperazione.

In solidarietà con Santa Brigida, la cui vita ha testimoniato il potere trasformativo della preghiera, cerchiamo anche noi di alleviare la sofferenza delle anime in Purgatorio. Attraverso le nostre suppliche e opere di carità, possiamo contribuire al fuoco purificatore che prepara queste anime per la comunione finale con Te nel Tuo regno celeste.

O Gloriosa Santa Brigida, conforto dei tristi e guida dei smarriti, intercedi per noi affinché possiamo anche noi sopportare le nostre tribolazioni terrene con lo sguardo fermamente fissato sulla promessa del cielo. Possano le nostre afflizioni non servire come ostacoli, ma come gradini verso la nostra santificazione e la riunione finale col Divino.

Concludiamo la nostra preghiera in questo secondo giorno della novena con la vivificante speranza nella Risurrezione che Cristo ha vinto per noi, sollevando i nostri spiriti dalle profondità della disperazione alle altezze della gioia celeste.

Amen.

Terzo Giorno

Nel riflettere in silenzio nei nostri cuori, entriamo nel terzo giorno della nostra novena, volgendo lo sguardo alla straordinaria vita domestica di Santa Brigida di Svezia. Questo giorno, meditiamo sui suoi ruoli di moglie e madre, considerando come la santità che coltivò nella propria casa serva da specchio per l'amore e la pazienza che dovrebbero fiorire all'interno delle nostre famiglie. Inizia con un momento di silenzio, invitando lo Spirito Santo a guidare la tua contemplazione e preghiera.

Nel nome del Padre, e del Figlio, e dello Spirito Santo. Amen.

Gloriosa Santa Brigida, hai percorso il cammino della vita terrena come devota sposa del tuo marito, Ulf, e come amorevole madre dei tuoi figli. Hai compreso l'impegno sacro del matrimonio e hai nutrito la tua famiglia con le virtù della gentilezza, della pazienza e della pietà.

(Momento di Silenzio)

O gentile Santa, hai incontrato le stesse prove e gioie vissute dalle famiglie di ogni epoca. Nella tua saggezza, hai insegnato che la casa è una chiesa domestica, un luogo dove l'amore di Dio si manifesta attraverso gli atti quotidiani di servizio, comprensione e amore incondizionato. Mentre meditiamo sulla tua vita, aiutaci ad accendere lo stesso fuoco sacro nei nostri cuori e nelle nostre case.

Preghiera:

Padre Celeste, che hai donato a Santa Brigida la capacità di trasformare la sua casa in un santuario di virtù cristiana, ascolta le nostre preghiere per le famiglie di tutto il mondo oggi. Chiediamo il tuo divino aiuto affinché possano essere fari di fede, speranza e carità.

Padre nostro, che sei nei cieli, sia santificato il tuo nome; venga il tuo regno; sia fatta la tua volontà, come in cielo così in terra. Dacci oggi il nostro pane quotidiano; e rimetti a noi i nostri debiti come anche noi li rimettiamo ai nostri debitori; e non ci indurre in tentazione, ma liberaci dal male. Amen.

Che le relazioni familiari siano rafforzate dalla tua provvidenza, permettendo all'amore e alla pazienza di superare ogni sfida. Infondi nelle coppie la grazia di onorare i loro voti sacri, e che i legami del matrimonio siano fonte di reciproco sostegno e crescita spirituale.

Ave Maria, piena di grazia, il Signore è con te; tu sei benedetta fra le donne e benedetto è il frutto del tuo seno, Gesù. Santa Maria, Madre di Dio, prega per noi peccatori, adesso e nell'ora della nostra morte. Amen.

Benedici, o Signore, tutti i bambini, affinché possano crescere in sapienza e statura, imparando dall'esempio dei loro genitori proprio come i figli di Santa Brigida furono cresciuti in una casa di fede e devozione.

Gloria al Padre, e al Figlio, e allo Spirito Santo, come era nel principio, ora e sempre, nei secoli dei secoli. Amen.

Santa Brigida, esempio di virtù domestica, intercedi per noi affinché le nostre famiglie possano riflettere la gioia e la santità della Trinità, insegnandoci ad abbracciare la vocazione all'amore alla quale tutti siamo stati chiamati.

Concludi la tua preghiera riflettendo sulla santità delle tue proprie relazioni familiari e chiedendo la grazia di modellarle sull'esempio di Santa Brigida.

Nel nome del Padre, e del Figlio, e dello Spirito Santo. Amen.

Quarto Giorno

Entriamo in contemplazione pregante in questo quarto giorno della nostra novena dedicata a Santa Brigida di Svezia, mentre riflettiamo sul suo ruolo e sapienza nel guidare i leader del suo tempo. Nel nome del Padre, e del Figlio, e dello Spirito Santo. Amen.

Santissima e Graziosa Santa Brigida, per provvidenza divina, ti trovasti alla corte di Svezia, dotata dell'unica opportunità di essere una bussola spirituale per la regalità. La tua saggezza e le tue intuizioni celesti furono un faro luminoso in mezzo al potere, e le tue parole furono come balsamo per coloro che anelavano alla giustizia nella leadership. Ammiriamo il tuo coraggio e la tua fermezza nel consiglio, cercando sempre di illuminare il percorso della giustizia divina nei corridoi della governance umana.

Ti supplichiamo, Santa Brigida, guidaci come hai guidato loro; infondi in noi una passione per la verità e il discernimento per riconoscere la volontà di Dio nelle decisioni complesse che noi, e i nostri leader, dobbiamo affrontare nelle nostre vite. Preghiamo con fervore per i nostri leader di oggi—coloro che governano le nostre nazioni, le nostre città, le nostre comunità e persino all'interno delle nostre chiese e case.

Padre nostro, che sei nei cieli, sia santificato il Tuo nome; fa' che i nostri leader siano aperti alla Tua sapienza divina come lo fu Santa Brigida. Possano essi guidare con giustizia, dare priorità al benessere delle persone a cui servono e agire con compassione in tutte le questioni, grandi e piccole. Possa il loro cuore essere aperto al vero servizio e la loro mente libera da interessi personali e dalle tentazioni del potere temporale.

Ave Maria, piena di grazia, prega per i leader del mondo, affinché possano emulare l'umiltà di Santa Brigida e cercare consiglio dallo Spirito Santo. Possano essere illuminati dal suo esempio di equilibrio tra prudenza e generosità, rigore e comprensione.

Santa Brigida, avvocata davanti a Dio, tu che hai ricevuto rivelazioni che hanno plasmato i tuoi consigli e azioni a corte, chiediamo che i leader del nostro tempo possano avere la visione di guardare oltre il presente, considerando l'impatto delle loro decisioni sulle anime e sul futuro dei loro elettori.

Gloria al Padre, al Figlio, e allo Spirito Santo, come era nel principio, ora e sempre, nei secoli dei secoli. Amen. Insegnaci come sostenere i nostri leader nella preghiera, offrire le nostre voci rispettose e costruttive quando richiesto, e a impegnarci a partecipare in maniera informata e attiva nella guida delle nostre comunità, cercando sempre la maggiore gloria di Dio.

Riflettiamo ora in silenzio sui modi specifici in cui possiamo favorire una cultura di preghiera e guida spirituale nelle nostre sfere di influenza, seguendo il modello di Santa Brigida nel tenere alta la torcia della fede in presenza del potere terreno.

Preghiera di Chiusura:

Dio Amorevole e Misericordioso, che hai affidato a Santa Brigida il compito nobile di consigliare i re, concedici la grazia di seguire il suo esempio. Possiamo condurre vite di integrità e abbracciare la giustizia e la pace, ispirati dalla sua devozione. Chiediamo che le nostre preghiere ascendano a Te come incenso e che, attraverso l'intercessione di Santa Brigida, noi e coloro che ci guidano si avvicinino al Tuo regno celeste— dove ogni lacrima è asciugata e i fuochi del purgatorio sono spenti dall'oceano della Tua misericordia.

Santa Brigida di Svezia, prega per noi, affinché possiamo essere risparmiati dalle prove del Purgatorio e possiamo gioire con te nella vita eterna. Nel nome del Padre, e del Figlio, e dello Spirito Santo. Amen.

Quinto Giorno

Entriamo in un silenzioso riflessione, viaggiando in spirito con Santa Brigida di Svezia e il suo amato marito, Ulf, mentre si imbarcavano nel sacro pellegrinaggio a Santiago di Compostela - un testamento alla loro fede devota e impegno spirituale.

Nel nome del Padre, e del Figlio, e dello Spirito Santo. Amen.

(Qui, concedi un momento di silenzio, per calmare il tuo cuore e concentrare le tue intenzioni.)

Padre Celeste, per l'intercessione di Santa Brigida di Svezia, ispira in noi un cuore di pellegrinaggio. Come Brigida e Ulf percorrevano insieme il cammino sacro, possiamo anche noi riconoscere la nostra vita come un pellegrinaggio verso di Te. Con ogni passo fatto nella fede, facci incontrare la Tua presenza divina.

Padre nostro, che sei nei cieli, sia santificato il Tuo nome. Venga il Tuo regno, sia fatta la Tua volontà, come in cielo così in terra.

(Recita la preghiera lentamente, meditando su ogni parola e il suo significato.)

Carissima Santa Brigida, tu che hai viaggiato lontano da casa, cercando i modi in cui il Signore ti chiamava a una più stretta comunione con Lui, sii un faro per tutti i pellegrini che percorrono sentieri diversi alla ricerca della grazia divina. Possa il tuo esempio insegnarci ad abbracciare le sfide e le incertezze che ci accompagnano in questo viaggio spirituale.

Ave Maria, piena di grazia, il Signore è con te. Sei benedetta fra le donne, e benedetto è il frutto del tuo seno, Gesù.

Come viaggiatori e

cercatori della Via, incontriamo ostacoli, stanchezza e distrazioni che offuscano il nostro focus. Per le tue preghiere, Santa Brigida, solleva coloro che si sentono stanchi, affinché possano perseverare con fede incrollabile mentre navigano le prove e le sfide intrinseche nella loro ricerca della verità di Dio.

Gloria al Padre, e al Figlio, e allo Spirito Santo. Come era nel principio, ora e sempre, nei secoli dei secoli. Amen.

(Rifletti sulla gloria eterna di Dio e sulla Sua onnipresenza lungo i nostri viaggi.)

Santa Brigida, tu e tuo marito Ulf avete mostrato un'unione di scopo e solidarietà spirituale mentre camminavate verso Santiago. Intercedi per le coppie e le famiglie nei loro viaggi spirituali, affinché possano crescere nell'amore e nella fede attraverso esperienze condivise e supporto reciproco. Possano i loro legami essere un riflesso dell'unità trovata nella Santissima Trinità.

Dio Amorevole e Misericordioso, ascolta le nostre suppliche per tutti i pellegrini moderni - coloro che navigano il viaggio della vita, le anime che aspirano alla santità e i fedeli defunti in processo di purificazione. Concedici la grazia di vivere in modo pio, seguendo il cammino luminoso illuminato da Santa Brigida, per godere un giorno della beatitudine eterna nel Tuo regno celeste, evitando i dolori del Purgatorio.

Santa Brigida di Svezia, prega per noi.

Signore, concedici il coraggio di persistere nel nostro pellegrinaggio spirituale, attirandoci sempre più vicino a Te con ogni atto di amore e ogni passo di fede. Per i meriti di Gesù Cristo, nostro Signore, e il potere intercessorio della Sua fedele servitrice, Santa Brigida, possano le nostre anime essere indirizzate sul cammino della giustizia, conducendoci alle gioie del Paradiso.

Amen.

Sesto Giorno

Nel nome del Padre, e del Figlio, e dello Spirito Santo. Amen.

Introduzione

In questo sesto giorno della nostra novena, rivolgiamo i nostri pensieri a un momento particolarmente commovente nella vita di Santa Brigida di Svezia: la perdita del suo amato marito, Ulf. Di fronte a una perdita così profonda, Brigida ripose la sua fiducia nel Signore, accettando la Sua volontà divina con fede straordinaria. Oggi, riflettiamo sulla grazia della fiducia e dell'abbandono, cercando la forza di accogliere il piano di Dio nei nostri momenti di perdita personale e incertezza.

Riflessione

La profondità dell'amore di Brigida per suo marito era intensa, eppure fu in Dio che essa pose la sua fiducia e speranza ultime. La sua vita illustra la virtù della fede costante; ella personifica la grazia che deriva dall'abbandonarsi alla volontà di Dio anche quando il cammino è avvolto dalle ombre. Nel vuoto lasciato dalla partenza di Ulf da questo mondo, Brigida trovò uno scopo rinnovato e una comunione più stretta con Dio.

Il lutto di Santa Brigida la trasformò, poiché i suoi occhi interiori si fissarono più intensamente sul regno celeste. Vedova, i legami dell'amore terreno si allentarono, eppure il suo cuore, invece di chiudersi, si aprì di più—ad un amore che trascendeva la comprensione umana, al servizio di Dio e alla cura per il Suo popolo.

Preghiera

Cara Santa Brigida, nel silenzioso ricordo della tua perdita, aiutaci a trovare consolazione tra le braccia del nostro Padre Celeste come hai fatto tu. Attraverso la tua intercessione, possiamo ricevere la grazia della fiducia e della resa completa alla

Sua volontà divina.

Preghiamo ora per la grazia di fidarci di Dio nelle nostre perdite personali:

"Padre Celeste, nei nostri momenti di desolazione, quando la notte sembra infinita e il freddo ostile, insegnaci a fidarci del Tuo piano amorevole, come ha fatto Santa Brigida. Quando ombre di dolore oscurano il nostro cammino, e i nostri cuori pesanti di tristezza, incapaci di vedere oltre il nostro lutto, sussurra ai nostri spiriti la promessa della vita eterna.

Concedici, o Signore, la stessa serenità e sicurezza che hai donato alla tua fedele serva, Brigida. Infondi in noi la comprensione che in ogni fine c'è un nuovo inizio nella Tua provvidenza divina. Aiutaci a lasciar andare i nostri attaccamenti terreni e ad elevare i nostri cuori alla promessa del Tuo amore senza fine e alla speranza di essere un giorno riuniti con i nostri cari nel Tuo regno eterno.

Santa Brigida, guidaci in questo cammino di preghiera; possa il tuo esempio ispirarci ad affidare completamente i nostri spiriti alla volontà di Dio, trovando pace nella conoscenza che, nella nostra perdita, Egli è sempre vicino, una presenza risoluta in mezzo alle tempeste transitorie della vita."

Preghiera Conclusiva

Signore pieno di compassione, ti chiediamo di accettare le nostre preghiere in memoria dei giorni di dolore di Santa Brigida e della sua esemplare fede nella Tua provvidenza. Attraverso la sua intercessione, possiamo essere concessi la grazia di affrontare le nostre prove con coraggio e di affidarci alla Tua misericordia perenne. Te lo chiediamo per Cristo nostro Signore. Amen.

Nel nome del Padre, e del Figlio, e dello Spirito Santo. Amen.

Settimo Giorno

Iniziamo la preghiera di oggi con il silenzio, calmando le nostre menti e aprendo i nostri cuori alla presenza dello Spirito Santo, mentre meditiamo sulla potente vocazione che ha trasformato la vita di Santa Brigida di Svezia. Oggi, contempliamo l'obbedienza di Brigida alla chiamata divina di fondare un nuovo ordine religioso, una missione che è sbocciata dalle sue profonde visioni celesti. Durante tutta la sua vita, Brigida è rimasta ferma nel suo impegno alla volontà di Dio, dimostrando un coraggio incrollabile nell'aver fondato l'Ordine del Santissimo Salvatore di Santa Brigida. Mentre cerchiamo l'intercessione di Santa Brigida di Svezia nel settimo giorno di questa novena, riflettiamo sulle nostre vocazioni uniche e sui percorsi che Dio ci invita a seguire. Il suo esempio ci insegna che le nostre missioni di vita, quando ispirate da una guida divina, possono condurre a opere straordinarie per la Chiesa e il mondo.

Nel nome del Padre, e del Figlio, e dello Spirito Santo, Amen.

Preghiamo.

Gloriosa Santa Brigida, hai risposto alla chiamata di Dio con un cuore pieno di amore e devozione. Hai abbracciato una vita di contemplazione e servizio, realizzando il tuo destino spirituale attraverso la fondazione di un ordine religioso che ha portato innumerevoli anime più vicino a Cristo. Prega per noi, affinché possiamo essere attenti ai sussurri dello Spirito Santo nelle nostre vite, riconoscendo le vocazioni personali a cui siamo ciascuno chiamati.

Imploriamo il tuo aiuto, o santa Brigida, affinché possiamo discernere la nostra missione con chiarezza e abbracciarla con lo stesso fervore e perseveranza che hai mostrato. Possiamo trovare forza nel tuo esempio per rispondere con generosità agli impulsi dello Spirito Santo, intraprendendo i compiti stabiliti dal nostro amorevole Creatore.

O Signore, nostro Dio, Tu che hai favorito Santa Brigida con visioni e il coraggio di agire su di esse, concedici, Ti supplichiamo, la visione per vedere il percorso che desideri che percorriamo. Riempici dello Spirito Santo affinché possiamo avere il discernimento e la forza di perseguire le nostre vocazioni personali con passione e umiltà.

Con l'aiuto di Santa Brigida, preghiamo per la saggezza di comprendere i nostri ruoli all'interno del tuo piano divino. Possa la nostra vita essere una testimonianza della Tua grazia infinita, mentre portiamo avanti le Tue opere con gioia e fedeltà. Insegnaci attraverso le sue sacre esperienze come contribuire alla Tua Chiesa e alla santificazione del mondo, dedicando la nostra vita al Tuo servizio e al bene di tutto il Tuo popolo.

Caro Signore, così come hai ispirato Santa Brigida a creare una famiglia religiosa che avrebbe pregato per le anime nel Purgatorio, aiutaci a costruire comunità di fede che sollevino gli umili, guariscano i feriti e riconducano a Te i perduti. Possano le nostre azioni riflettere l'amore e la misericordia che Brigida ha trovato nel Tuo Sacro Cuore, e possiamo sforzarci di vivere vite sante che, con la Tua grazia, ci terranno lontani dalle prove del Purgatorio.

Attraverso le preghiere di Santa Brigida, possiamo fedelmente seguire le nostre chiamate celesti e amorevolmente adempiere alle nostre responsabilità terrene, allineando sempre le nostre volontà alla Tua.

Te lo chiediamo per Cristo nostro Signore, Amen.

Nel nome del Padre, e del Figlio, e dello Spirito Santo, Amen.

Ottavo Giorno

Mentre intraprendiamo l'ottavo giorno della nostra novena, contempliamo lo spirito risoluto di Santa Brigida di Svezia, la cui determinazione incrollabile si manifestò profondamente quando fu chiamata a viaggiare verso Roma. Non fu un viaggio segnato dai desideri terreni, ma piuttosto un arduo pellegrinaggio intrapreso per pura obbedienza alla volontà divina. Oggi, preghiamo per una parte del suo coraggio, affinché possiamo anche noi accogliere con valore e dedizione la chiamata di Dio per noi. Nel silenzio dei nostri cuori, portiamo alla luce i momenti in cui abbiamo affrontato i bivi della vita, davanti ai sentieri del comfort e della convinzione. Santa Brigida ci ricorda che ascoltare la chiamata dall'alto è camminare su terreno sacro, dove ogni passo è sia una testimonianza di fede sia un trionfo sulla paura.

Preghiamo:

Santissima Santa Brigida di Svezia, tu che viaggiasti con fortezza verso Roma, non per gloria né onore mondano, ma in umile sottomissione alla volontà divina di Dio, intercedi per noi. Tu conosci le tribolazioni e le incertezze che assalgono coloro che osano seguire la voce celeste. Concedici, ti preghiamo, la forza di mettere da parte i ceppi dell'approvazione mondiale.

Onnipotente Dio, nella Tua infinita saggezza, hai ispirato Santa Brigida ad andare avanti con determinazione nel cuore, non scoraggiata dall'ignoto che si stendeva davanti a lei. Ti chiediamo ora di concederci la stessa risolutezza incrollabile, affinché non siamo influenzati dagli applausi effimeri dell'umanità, ma cerchiamo solo il Tuo perpetuo e piacevole benestare. Possa lo spirito di Santa Brigida illuminare le nostre menti per discernere la Tua chiamata tra la cacofonia delle distrazioni della vita.

Padre Misericordioso, nel Tuo grande disegno, hai uno scopo

per ciascuno di noi. Eppure, a volte, il nostro spirito si abbassa e la nostra determinazione si affievolisce, mentre le pressioni del mondo e le paure tessono un velo davanti ai nostri occhi, oscurando il faro celeste della Tua volontà. Per l'intercessione di Santa Brigida, dissipa le nostre incertezze e accendi in noi un coraggio incrollabile che ci spinga avanti sul sentiero che Hai ordinato.

O, generosa Santa, per le tue preghiere aiutaci a distaccarci dal desiderio di validazione umana, così potremo intraprendere il viaggio che Dio ha delineato per noi con cuori impavidi e spirito costante. Come non cercasti il conforto del familiare, così possiamo noi entrare nella luce della volontà di Dio, con la fede come bussola e il Suo amore come guida.

Carissimo Signore, siamo solo viaggiatori in questo mondo temporale, alla ricerca del sentiero verso la gioia eterna nella Tua presenza, lontani dalle fiamme del Purgatorio. Per l'intercessione di Santa Brigida, possa il nostro pellegrinaggio essere lastricato di atti di pietà, fede salda e ardente desiderio di compiere il Tuo sacro comando.

Concludiamo le nostre devozioni oggi riflettendo sull'emblema della costanza di Santa Brigida, chiedendo un frammento del suo coraggio spirituale. Nel suo esempio, troviamo il metallo per perseguire la nostra santificazione ed evitare i travagli del Purgatorio attraverso una vita che riflette la sua rettitudine.

Amen.

Nono Giorno

Mentre ci raccogliamo in spirito in questo nono e conclusivo giorno della nostra novena, volgiamo i nostri cuori all'ultimo periodo del pellegrinaggio terreno di Santa Brigida, ai suoi anni come voce profetica nel cuore della cristianità, Roma. Santa Brigida, dopo la scomparsa di suo marito, ascoltò la chiamata divina ad una vita di intensificata preghiera e penitenza. A Roma, divenne un canale per i messaggi di Dio, sollecitando un ritorno alla pietà e alla riforma della Chiesa. Iniziamo la nostra riflessione con un momento di silenzio, placando le nostre menti e facendo spazio perché lo Spirito Santo riempia i nostri cuori di saggezza e pace.

Nel nome del Padre, e del Figlio, e dello Spirito Santo. Amen.

Santa Brigida, hai percorso i corridoi del Vaticano con un messaggio di rinnovamento, non esitando a parlare la verità che Dio ti aveva concesso. Possiamo anche noi, come te, avere il coraggio di parlare onestamente e amorevolmente di fronte a ciò che è ingiusto, e possiamo sempre cercare di vivere secondo il Vangelo.

Padre nostro, che sei nei cieli, sia santificato il Tuo nome; venga il Tuo regno; sia fatta la Tua volontà, come in cielo così in terra. Dacci oggi il nostro pane quotidiano; e rimetti a noi i nostri debiti come noi li rimettiamo ai nostri debitori; e non ci indurre in tentazione, ma liberaci dal male. Amen.

Santa Brigida di Svezia, negli ultimi anni della tua vita, hai incarnato il ruolo di un'avvocata spirituale, non solo attraverso le parole ma anche attraverso il tessuto delle tue azioni—costantemente impegnata nella preghiera, nel digiuno e nelle opere di carità. Concedici la forza di abbracciare queste stesse pratiche, per preparare le nostre anime ad incontrare il nostro Creatore con cuori puri e spiriti vigilanti.

Ave Maria, piena di grazia, il Signore è con te. Tu sei benedetta fra le donne e benedetto è il frutto del tuo seno, Gesù. Santa Maria, Madre di Dio, prega per noi peccatori, adesso e nell'ora della nostra morte. Amen.

Hai sopportato le tue prove con pazienza e grande fede, Santa Brigida. Mentre affrontiamo le nostre lotte in questo viaggio, ispiraci a sostenere le nostre croci con la stessa fortezza. Possiamo trovare conforto nella conoscenza che ogni atto penitenziale serve come un abbraccio del sacrificio redentore di Cristo.

Gloria al Padre, e al Figlio, e allo Spirito Santo: come era nel principio, ora e sempre, nei secoli dei secoli. Amen.

Nelle tue rivelazioni, Santa Brigida, ci hai trasmesso la saggezza di cercare una vita pura dal peccato, volgendoci costantemente alla confessione e sforzandoci seriamente di emendare la nostra vita. Intercedi per noi, affinché possiamo avvalerci dei sacramenti, incanalando la grazia nelle nostre anime.

Ti chiediamo umilmente di intercedere, Santa Brigida, per aiutarci a vivere una vita di fervente preghiera e penitenza, puntando al giorno in cui potremo evitare le prove del Purgatorio e godere della bellezza del Cielo. Per le tue preghiere, possa la Divina Misericordia riversarsi su di noi, e possiamo essere attratti nella visione beatifica dell'amore di Dio, uniti con Cristo e tutti i santi per sempre.

Santa Brigida di Svezia, prega per noi.

Nel nome del Padre, e del Figlio, e dello Spirito Santo. Amen.

(Concludiamo la nostra novena con un momento di preghiera personale, riflettendo sull'esempio di Santa Brigida e chiedendo a Dio la grazia di seguire le sue orme.)

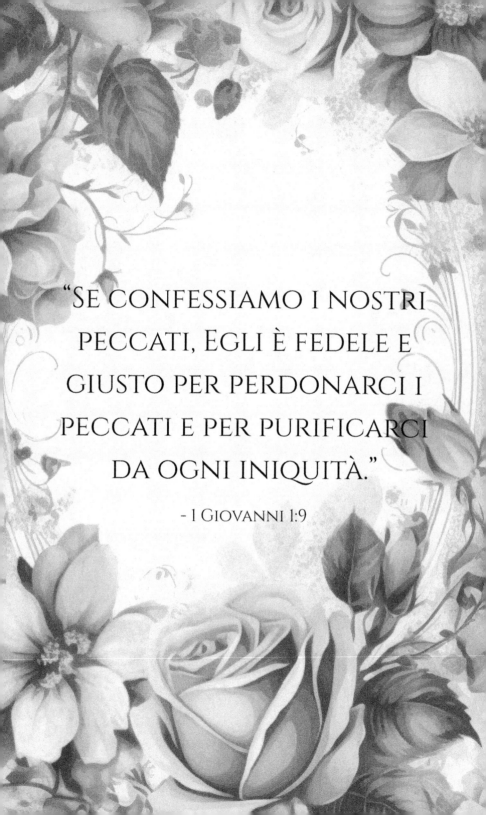

"Se confessiamo i nostri peccati, Egli è fedele e giusto per perdonarci i peccati e per purificarci da ogni iniquità."

- 1 Giovanni 1:9

Grazie!

Apprezziamo molto il tuo feedback su questo libro e ti invitiamo a condividere direttamente con noi le tue riflessioni. Essendo una casa editrice indipendente in crescita, miriamo costantemente a migliorare la qualità delle nostre pubblicazioni.

Per tua comodità, il codice QR qui sotto ti indirizzerà al nostro sito web. Lì, puoi lasciare direttamente a noi il tuo feedback o trovare il link alla pagina di recensioni di Amazon per condividere la tua esperienza e offrire suggerimenti per il miglioramento. Sul nostro sito web, puoi anche vedere i nostri libri correlati e accedere a materiali supplementari gratuiti.

Libri correlati

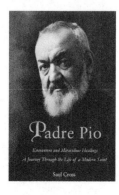
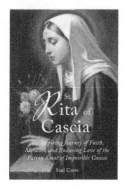

Printed in Great Britain
by Amazon

37574097R00056